프랑켄슈타인

차례
Contents

프랑켄슈타인의 탄생

『프랑켄슈타인』은 어떻게 만들어졌나

  여성 작가 메리 셸리(Mary Shelley, 1797~1851)가 1818년 불과 19세의 어린 나이에 세상에 내놓은 『프랑켄슈타인, 근대의 프로메테우스 Frankenstein; or the Modern Prometheus』가 담고 있는 내용은 너무도 다양하다. 이를테면 생명 창조, 부모로서의 의무, 과학기술의 발전에 대한 책임감, 문명 비판, 여성적 글쓰기, 빅토리아 시대의 여성과 가정 등 다양한 영역에 걸쳐 있다. 형식 면에서도 독특한 서술 구조뿐만 아니라 리얼리즘에 대치되는 고딕적 요소와 로맨스적 요소가 섞여 있어 다양한 각도에서 접근이 가능한 소설이다. 원래 이 소설은 19세기를 대표하는 다른 문학 작품들과 달리 눈에 띄는 작품은 아니었으나, 1970년대 이래로 소외된 작품들에 대한 재평가와 더불어 중요한 연구 대상으로 주목을 받았다.

이 작품의 탄생 과정은 내용만큼이나 흥미롭다. 『프랑켄슈타인』이 탄생하기까지 19세기 영국의 유명한 낭만파 시인이자 후에 메리 셸리의 남편이 된 퍼시 셸리(Percy Byche Shelley)와 역시 낭만파 시인을 대표하는 바이런(Lord Byron)의 역할이 컸다. 메리는 1816년 여름, 스위스 제네바 호수 근교에서 퍼시 셸리와 바이런, 바이런의 주치의인 존 폴리도리(John Polidori)와 함께 여름을 나고 있었다.

이들은 독일의 공포 이야기 모음집을 읽고, 그해 6월 16일 자신들이 직접 괴기 소설을 한 편씩 만들어 보기로 하였다. 이 약속에 따라 처음 폴리도리의 유명한 『흡혈귀 *The Vampyre*』가 나왔다. 이 작품의 주인공인 루스벤(Ruthven)은 바이런을 모델로 한 것이다. 바이런은 이런 이야기를 만들어내는 작업에 곧 싫증을 내었지만, 메리는 약속을 지켜 『프랑켄슈타인』이라는 소설을 완성하였다.

메리는 이 이야기를 만들어내는 과정에서 생명의 원리에 대해 셸리, 바이런과 많은 대화를 나누었고, 메리 스스로도 에라스무스 다윈(Erasmus Darwin)과 같은 생명과학자의 이론에 관심이 많았다. 메리는 이러한 생명에 대한 관심뿐만 아니라 인간 본연의 신비스러운 공포에도 눈을 돌리게 되었다. 즉, 독자들에게 전율할 듯한 두려움을 불러일으켜 심장 박동이 빨라

지게 하고 피를 얼어붙게 하는 이야기를 만들고 싶었던 것이다. 그러던 어느 날 밤, 메리는 창백한 얼굴의 과학자가 자신이 만들어낸 흉측한 몰골의 인조인간이 누워 있는 침대 옆에 무릎을 꿇고 있는 이미지를 뚜렷하게 떠올리게 되었다. 이러한 이미지를 전개시켜 소설로

메리 셸리.

만든 것이 바로 『프랑켄슈타인』이다.

1818년에 이 작품은 익명으로 출판되었고, 1831년에 몇 군데 내용을 수정하여 재판이 나오게 되었다. 초판이 익명으로 출판된 데 대해서는 여러 가지 설이 있다. 짐작컨대 여성 작가의 경우 비평가에게서 좋은 평을 얻지 못할 것이라는 걱정도 있었을 것이고, 퍼시 셸리와의 관계를 숨기고 싶은 이유도 있었을 것이다.

이러한 짐작 외에 남편 퍼시 셸리가 많은 부분을 집필했기 때문이라는 설도 있다. 실제로 짧은 이야기를 만들려고 했던 메리에게 셸리는 이야기를 더 길게 쓰도록 격려했고, 부분적으로 도움을 주었던 것으로 보인다. 즉, 메리의 작업에 흥미를 느끼고 지속적으로 글쓰기를 장려하였던 것이다. 그러나 『프랑켄슈타인』의 집필 과정에서 남편 셸리의 영향이 얼마나 컸으며, 실제 집필 과정에서 그의 도움이 얼마나 지대했는지는

정확히 알 수 없다. 다만 대부분의 집필이 퍼시 셸리가 없는 사이에 이루어진 사실을 고려할 때, 메리 셸리 자신의 독창적인 작품으로 보는 것이 옳다.

파란만장한 메리 셸리의 삶

메리 셸리는 1797년 8월 30일 런던에서 태어났다. 그녀의 아버지는 18세기 말에서 19세기 초 영국의 유명한 급진주의 사상가로서 『정치적 정의에 관한 탐구(1793)』를 쓴 윌리엄 고드윈(William Godwin)이었다. 또한 그녀의 어머니는 『여성 권리 옹호(1792)』를 쓴 당대 최고의 페미니스트인 메리 울스턴크래프트(Mary Wollstonecraft)였다. 어머니 울스턴크래프트는 메리를 낳은 지 며칠 후 산후 출혈로 사망하였고, 아버지는 메리가 네 살 때 메리 클레어몬트(Mary Jane Clairmont)와 재혼하였다.

메리는 집에 드나들던 당대의 유명한 지식인들과 문인들의 영향을 받아 자연스럽게 책읽기와 글쓰기에 몰두하는 아이로 자라났다. 당시 유명한 낭만파 시인이자 철학자인 사무엘 콜리지(Samuel Taylor Coleridge)나 수필가인 찰스 램(Charles Lamb)도 자주 이 집에 드나들었다. 특히 메리는 콜리지가 자신의 장시 『노수부의 노래』를 직접 낭송하는 것을 듣고 감동을 받았다. 이처럼 메리는 당대의 이름 있는 문인들을 접하고, 아버지 서재에 있는 책들을 섭렵하면서 지식을 쌓고 글쓰기를 익혀

나갔다.

　메리는 어린 시절 아버지에게서 사랑과 기대를 한 몸에 받고 자랐다. 그녀는 매일 아버지와 함께 성 판크라스 교회 묘지에 산책을 가곤 했는데, 아버지 고드윈은 메리의 어머니, 즉 울스턴크래프트의 묘비에 쓰여진 글귀로 어린 메리에게 글을 가르쳤다. 계모인 클레어몬트가 메리의 책 읽는 모습을 싫어했기 때문에 메리는 매일 어머니 무덤가에 가서 책을 읽었다. 또한 어머니 울스턴크래프트의 묘가 있는 교회 묘지는 메리의 연인이자 후에 남편이 된 셸리와 자주 만나던 곳이었고, 셸리는 울스턴크래프트의 무덤을 '성전'이라고 부르기도 하였다. 메리의 기억 속에 어머니의 모습은 전혀 없었지만, 이처럼 울스턴크래프트는 메리의 삶에 정신적인 지주가 되었다.

　1812년 6월에서 1814년 3월 사이 메리는 친척들과 스코틀랜드에서 살았다. 메리는 여기서 런던으로 돌아오던 중 셸리를 만난다. 셸리는 메리의 아버지인 고드윈의 열렬한 지지자였는데, 그는 당시 유부남이었지만 메리와 사랑에 빠지게 된다. 메리에게 셸리는 자신이 전 생애 동안 열망하던 존재, 즉 인류의 진보에 헌신하고 있는 천재의 의미로 다가왔다. 아버지 고드윈이 두 사람의 관계를 용납하지 않았기 때문에 두 사람은 1814년에 프랑스, 스위스, 독일 등지로 사랑의 도피를 떠났다. 1814년 후반에 두 사람은 영국으로 돌아와 셸리의 본처와 빚을 피해 숨어 살았다. 이 과정에서 메리는 아버지 고드윈에게 셸리의 빚을 갚아달라고 청하기도 하였다.

1815년 2월 메리는 딸을 조산하였고, 아이는 얼마 못 가 죽고 말았다. 메리는 충격에서 벗어나기 위해 1816년 여름 유럽 여행을 시작하였다. 이때 스위스에서 메리의 의붓언니 클레어가 바이런의 집 근처에 집을 얻었다. 바로 이 시기에 바이런이 무서운 이야기를 써 보자고 제안하였고, 이를 계기로 여름 동안 프랑켄슈타인 이야기의 형태가 갖추어졌다. 셸리의 격려로 계속 집필한 결과, 비록 익명이긴 했지만 1818년에 프랑켄슈타인의 이야기는 책으로 빛을 보게 되었다.

   유부남인 셸리와의 도피 외에도 메리의 기구한 삶을 단적으로 말해주는 또 다른 사건을 꼽는다면, 그녀 주변 사람들의 자살과 죽음이 유난히 많았다는 점이다. 1816년 11월 메리의 어머니 울스턴크래프트가 고드윈과 결혼하기 전에 동거했던 길버트 임리(Gilbert Imlay)와의 사이에서 태어난 의붓언니 패니가 자살하였고, 12월 셸리의 본처 해리엇이 임신한 상태로 런던에서 투신자살을 하였다.

   해리엇이 투신한 2주 후에, 메리와 셸리는 런던의 성 밀드레드 교회에서 정식으로 결혼을 하였다. 이로써 메리 고드윈은 메리 셸리가 된 것이다. 1818년 이들은 세간의 쏟아지는 비난의 눈길을 피해 이탈리아로 도피하였는데, 감당하기 힘든 부채와 남편 셸리의 건강도 도피를 결심하게 한 이유였다. 이 시기에 첫 아이가 죽은 뒤 태어난 두 아이들도 차례로 죽게 되었다. 클라라가 1818년 9월, 윌리엄이 다음해 6월에 차례로 죽었는데, 겨우 20대였던 어린 나이의 메리 셸리가 겪기에는 너무나 힘든 비극이었다. 1819년 플로렌스에서 아들 퍼시를 낳고 비로소 그녀는 위안을 얻게 된다. 이 아들이 그녀의 유일한 자식이다.

남편 셸리는 그녀의 지적·예술적 성장을 격려하였고, 사랑과 자유를 즐기며 생활할 수 있도록 배려하였으나, 1822년 7월 8일 이탈리아의 리보르노 해안(레그혼)에서 배 사고로 익사하였다. 이 때 나이는 겨우 24세였으며, 두 살의 어린 아들과 아버지 고드윈의 생계까지 책임져야 하는 신세가 되었다. 결국 메리 셸리라는 작가로서 글을 써서 먹고 살아야 하는 처지에 놓이게 된 것이다.

메리 셸리는 세간의 사람들에게 많은 비난을 받았지만, 전업 작가로서 많은 문인과 예술가, 정치가들과 교류하였다. 남편의 시와 산문들을 유고로 출판하였고, 창작 활동에도 전념하였다. 1824년 남편 셸리의 유고 시집이 메리 자신의 편집에 의해 출판되었고, 이 과정에서 자신의 생전에 아들의 이름으로 출판된 책을 보기 꺼려했던 시아버지와 협상을 해야 했다. 남편의 유고집 출판 이후 그녀는 창작 활동에 몰두했고, 『프랑켄슈타인』 이후 그녀의 최고작으로 알려진 『마지막 인간 *The Last Man* (1826)』을 내놓았다. 이 작품은 사회의 재난을 다룬 것으로 인간 사회에 대한 경고의 메시지를 담고 있다.

1841년 아들이 트리니티(Trinity) 대학을 졸업했으며, 그녀는 아들과 함께 유럽 여행을 하기도 했다. 여행 중 감상을 기록한 글들은 1844년 여행기 형식을 빌려 두 권의 책으로 출판

되었다. 1848년 아들이 결혼한 이후 그녀는 아들 부부와 여생을 보냈다. 결국 그녀는 1851년 2월 런던에서 뇌종양으로 삶을 마쳤고 번머스(Bournemouth)에 묻혔다.

『프랑켄슈타인』은 무슨 이야기를 담고 있나

로버트 월턴(Robert Walton) 선장은 자신이 북극으로 가는 항로 개척에 전념하고 있다는 사실을 영국에 살고 있는 누이 사빌(Saville)에게 편지로 알려준다. 항로 개척 초기에는 자신의 계획대로 일이 잘 추진되었으나, 빙하 때문에 더 이상 일을 진척시키기 어려운 상황에 처해 있다는 사실도 알린다. 이러한 상황에서 개가 끄는 썰매로 어떤 대상을 추적하고 있던 빅터 프랑켄슈타인(Victor Frankenstein)을 만나게 된다. 월턴은 쇠약해진 프랑켄슈타인을 선실에 데려가 간호해 주며 그의 이야기를 듣는다.

프랑켄슈타인의 이야기가 곧 이어진다. 프랑켄슈타인은 자신이 스위스 제네바 태생으로서 좋은 가문에서 태어나 행복하게 보냈던 어린 시절에 대해 이야기한다. 특히 엘리자베스 라벤자(Elizabeth Labenza, 1818년 판에서는 고종사촌, 1831년 판에서는 양녀로 들어온 여동생), 친구 헨리 클러벌(Henry Clerval)과 함께 행복하게 지냈으며 어린 시절부터 과학에 대한 관심이 많았음을 회상한다.

성홍열에 걸린 엘리자베스를 간호하다가 어머니가 죽자, 프랭켄슈타인은 잉골슈타트 대학으로 자연과학을 공부하러 떠난다. 대학에서 그는 생명의 비밀을 캐내려는 욕망에 불타며 발드만(Waldman) 교수의 영향과 도움으로 몇 년 후 생명의 비밀을 발견해낸다. 프랑켄슈타인은 자신의 지식을 총동원하여 새로운 생명체를 만들어내는 데 성공한다. 그러나 깨

최초의 괴물 역을 맡은 보리스 칼로프.

어난 생명체의 기괴한 모습에 놀라 바깥으로 도망치고, 이때 대학 진학을 위해 잉골슈타트로 온 친구 클러벌을 우연히 만난다. 친구를 자신의 방으로 데려갔을 때, 괴물은 이미 사라지고 없었다. 이후 프랑켄슈타인은 심하게 앓게 되지만, 친구의 극진한 간호로 깨어난다.

　프랑켄슈타인은 자신의 창조 행위를 후회하며 집으로 돌아가려는 찰나에 막내 동생 윌리엄이 살해되었다는 아버지의 편지를 받게 된다. 프랑켄슈타인은 급히 집으로 돌아가던 중에 숲에서 괴물을 만나게 되며, 괴물이 동생을 죽였음을 확신한다. 제네바에 도착하여 슬픔에 싸인 가족들을 만난다. 곧이어 살인범을 수사하는 과정을 지켜보지만, 프랑켄슈타인은 진실을 밝힐 수가 없었다. 하녀인 저스틴 모리츠(Justine Moritz)가 프랑켄슈타인 어머니의 초상이 담긴 목걸이를 가지고 있었다

는 사실 때문에 살인 누명을 쓰고 교수형에 처해진다. 프랑켄슈타인은 자기가 만든 괴물로 인해 죽음을 당한 두 사람, 즉 윌리엄과 저스틴에 대해 죄의식을 느끼고 괴로워한다.

슬픔을 달래기 위해 가족 여행을 간 곳에서 프랑켄슈타인은 괴물과 양자 대면하게 된다. 괴물은 자신이 처음 감각을 익힌 과정부터 시작하여 자신이 현재에 이르기까지 어떻게 살아왔는지 상세히 이야기한다. 특히 자신이 드 레이시(De Lacy) 가족의 오두막 옆에 숨어 지내면서 이 가족의 우애를 얼마나 부러워했는지, 드 레이시 가족의 역사를 어떻게 알게 되었는지, 사피(Safie)라는 아랍 여성이 연인인 펠릭스(Felix)를 찾아온 과정이 어떠한 경로를 거친 것인지를 이야기한다. 괴물은 사피가 자신이 사랑하는 남성을 찾아 아랍권 문화를 벗어나 용감하게 홀로 모험을 감행하였음을 언급한다.

드 레이시 가족의 곁에서 숨어 지내는 동안, 자신이 언어와 문자를 습득한 것도 이야기한다. 자신이 습득한 문자로『젊은 베르테르의 슬픔』,『플루타르크 영웅전』,『실낙원』등의 책을 읽고, 어떠한 감동을 받았는지 술회한다. 또한 프랑켄슈타인이 자신을 창조한 과정을 기록한 일지도 읽었음을 이야기한다. 아울러 자신이 이 가족을 몰래 도와주었음에도 불구하고 눈먼 아버지 외에는 자신을 받아주지 않았다고 말한다. 즉, 자신의 외모를 목격한 드 레이시 가족들이 자신을 어떻게 추방했는지를 이야기하며, 죽어가는 사람을 구해주고도 총을 맞게 된 사실 등을 중심으로 이 세상 어느 곳에도 발붙일 수 없는 자신의 외로운 처지에 대해 이야기한다. 괴물은 자신을 이러한 처지에 이르게 한 상황에 대해 프랑켄슈타인에게 책임을 추궁하면서, 자신의 벗이 될 여성 괴물을 만들어 달라고 요구한다. 프랑켄슈타인은 처음에는 거절했다가 괴물의 호소에 마음이 움직여 여성 괴물을 만들어주기로 한다.

제네바로 돌아간 프랑켄슈타인은 여성 괴물을 만들기 위한 정보 수집을 위해 클러벌을 대동하고 영국으로 간다. 클러벌과 함께 영국 여러 지역을 여행하면서 새삼 우정을 느낀다. 그와 헤어진 후 스코틀랜드 외딴 오두막에서 홀로 작업에 몰두한다. 여성 괴물을 만드는 작업이 거의 성공에 달할 즈음 프랑켄슈타인은 자신의 행위에 역겨움을 느끼게 된다. 그는 자신이 만들게 될 여성 괴물과 괴물이 결합하여 악의 씨앗을 지상에 퍼뜨릴 것이라는 염려 때문에 만들던 여성 괴물을 파기해 버린다. 이를 지켜보던 괴물은 프랑켄슈타인의 결혼 첫날밤에 복수할 것이라고 경고한 후 사라진다.

그날 밤 느지막이 프랑켄슈타인은 홀로 호수 한가운데로 배를 타고 나아가 만들던 여성 괴물의 잔해와 제작 장비들을 그곳에 버린다. 바람이 심하여 그는 다시 섬으로 돌아가지 못하고 아침에 자신도 모르는 어느 마을에 닿게 된다. 그는 배에서 내리자마자 그전 날 살해된 청년을 죽인 범인으로 오인 받고 체포된다.

프랑켄슈타인은 전날의 살인에 대해 아는 바가 없다고 마을 사람들에게 이야기한다. 하지만 프랑켄슈타인은 청년의 시체가 클러벌임을 알게 되고, 그 시체 목에 난 상처는 괴물의 소행이라는 것을 직감한다. 프랑켄슈타인은 이 사건의 충격으로 헛소리를 하며 고열과 함께 심하게 앓는다. 프랑켄슈타인은 앓는 동안 옥에 갇혀 있었는데, 아버지가 찾아오자 무죄로 풀려난다.

아버지와 제네바로 돌아온 프랑켄슈타인은 곧 엘리자베스와 결혼한다. 괴물의 경고가 두렵긴 했지만 철저히 경계를 하며 신혼 여행지로 간다. 프랑켄슈타인은 신혼 여행지 근처에 괴물이 숨어 있는지 점검하러 나간다. 그 사이 엘리자베스의 비명이 들리고 그가 돌아왔을 땐 엘리자베스가 처참하게 죽어 있었다.

집에 돌아와 보니 아버지는 슬픔과 충격으로 인한 뇌졸중으로 자리에 누워 있었다. 곧 아버지도 돌아가시고 이 시점부터 프랑켄슈타인은 괴물을 찾아 복수하려는 일념으로 산다. 너무나 지쳐서 포기할 만하면 괴물이 자신의 자취를 남기면서 프랑켄슈타인의 추적을 지속적이며 의도적으로 유도한다. 결국 프랑켄슈타인은 괴물을 찾아 북극 근방까지 오게 되었다. 이 과정에서 거의 괴물을 잡을 뻔 했지만, 빙하가 깨어지면서 괴물과 거리가 많이 벌어지게 된 상황이 되었고, 이때 월턴을 만나게 되었다.

프랑켄슈타인의 이야기가 끝난 이후, 월턴은 나머지 이야기들을 다시 누이에게 편지 형식으로 전달하며 이야기를 마친다. 월턴은 북극으로의 항해를 포기하고 고향 쪽으로 배를 돌릴 결심을 한다. 프랑켄슈타인은 이미 많이 쇠약해진 상태여서 월턴이 그를 친구로 삼고 싶었음에도 불구하고, 월턴에게 복수를 부탁하며 죽음을 맞는다. 놀랍게도 월턴은 프랑켄슈타인이 죽은 직후 그의 시신이 놓여 있는 선실에 괴물이 들어와 울고 있는 것을 발견한다. 괴물은 자신의 엄청난 외로움과 고통, 증오, 원한에 대해 이야기한다. 아울러 자신의 창조주가 죽었으므로 자신의 고통스런 삶을 마감할 수 있다고 말한 후 북쪽의 빙하를 향해 사라진다.

입체 구조의 독특한 이야기 장치

『프랑켄슈타인』의 이야기는 특이한 서술 구조를 취하고 있다. 어느 한 화자가 단선적으로 풀어나가는 이야기가 아니라 세 사람의 화자가 등장한다. 월턴 선장의 이야기가 맨 가장 자

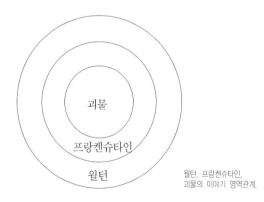

월턴, 프랑켄슈타인,
괴물의 이야기 영역관계.

리를 차지하고 있으며, 다음에 프랑켄슈타인의 이야기가 이어진 이후, 괴물의 이야기가 한 가운데를 차지하고 있다. 한 가운데 있는 괴물의 이야기 다음에 프랑켄슈타인의 이야기가 이어지며, 다시 월턴의 이야기로 마감된다.

가장 바깥에 위치한 월턴의 이야기는 북극으로 가는 최단 항로 개척에 나선 월턴 선장이 영국의 누이 사빌에게 보내는 편지 형식으로 이루어져 있다. 북극으로 가까이 감에 따라 미지의 영역을 개척하여 인류에게 이득을 가져다주겠다는 월턴의 이상은 난관에 부딪힌다. 월턴의 배는 빙하에 갇혀 위험하고 힘든 상황에 봉착하며 동료 선원들의 반역까지 예상된다.

월턴의 이야기에 이어 프랑켄슈타인의 이야기, 열정적인 인간 창조와 그에 따른 여러 사건들에 대한 이야기가 이어진다. 그런데 프랑켄슈타인과 월턴이 추구하는 바는 공통점을 지니고 있다. 두 사람 모두 자신의 일로 인류에게 봉사하고 이득을 가져다주어야 한다는 명분을 중시한다. 또한 이러한 명분 때문에 주변으로부터 고립될 수밖에 없는 상황이 여러 차례 강조되고 있다.

월턴은 프로메테우스적인 지식을 추구하며, 미지의 북극 지역을 탐색한다. 월턴은 목표를 달성하지 못하고 돌아가느니 죽는 것이 낫겠다는 생각을 할 정도로 정복욕에 사로잡혀 있다. 그러나 월턴은 이틀 후의 편지에서 자신의 비겁함과 우유부단함으로 인해 희망이 사라졌다고 누이 사빌에게 말하며, 자신에게는 철학이 좀더 필요하다고 고백한다. 프랑켄슈타인을 만남으로써 자신의 삶의 철학이 의미있게 채워지는 느낌을 받지만 삶의 철학 자체가 구체적으로 무엇인지에 대해서는 밝혀놓지 않고 있다.

월턴은 기쁨을 나눌 수 있으며, 자신과 공감할 수 있는 친구, 자신의 계획을 승인하고 변경할 수 있으며, 함께 우정을 나눌 친구를 원한다. 그러나 월턴의 이러한 우정에 대한 갈망은 이루어질 수 없다. 그는 자신의 또 다른 자아를 찾아 헤매지만 뜻을 이루지 못한다. 월턴이 프랑켄슈타인을 진정한 자아의 모습이라고 여기며 우정의 대상으로 삼는 순간, 아이러니컬하게도 그를 잃게 되는 사실이 이를 입증해 준다.

프랑켄슈타인도 프로메테우스적인 영광을 추구한다. 자신의 힘으로 생명 창조에 성공하여 인류에 공헌할 꿈에 몰두하며 실제로 생명을 만들어 낸다. 또한 마지막에 월턴 선장의 선원들이 항해를 포기하고 집으로 돌아가려 할 때, 이들에게 영웅이 되라고 충고를 한다. 그러나 그의 웅변적인 충고, 남자 이상의 남자가 되라는 충고는 좋은 결과를 낳지 못한다.

사실 월턴과 프랑켄슈타인은 자신들의 이상에 몰두하고 있는데, 그들의 자연 정복과 자연 탐구는 남성적인 가치관과 관련된 것으로 볼 수 있다. 즉, 그 두 사람은 자연을 대상으로 그 비밀을 캐어내고 정복하여 지배하려는 가치관을 지녔다. 그러나 이들의 이러한 추구는 주변 공동체로부터 고립되는 결과, 즉 가족과 사회로부터 이탈을 초래하는 결과를 낳게 된다.

프랑켄슈타인은 죽고 월턴의 정복욕도 좌절되는데, 이 상황에서 월턴에게 남은 현실 세계의 대화자는 편지의 대상인 그의 누이뿐이다. 그러나 누이인 사빌 부인과의 관계는 살아 있는 관계라고 보기 어렵다. 자신이 말한 대로 '쓰기(writing)'란 감정을 전달하는 데 빈약한 매개체일 따름이며, 사빌 부인의 존재는 우편주소 이상의 역할을 하지 못한다.

월턴의 회귀를 개인의 욕망이 가정의 영역으로 통합되는 것으로 보거나, 월턴이라는 인물에서 갈등의 해결점, 즉 작가의 완전한 지지를 받는 조화로운 인간상을 발견하기도 하지만 전반적으로 이야기를 풀어가는 장치 이상의 의미를 찾기 어렵다. 메리 푸우비(Mary Poovey) 같은 비평가는 월턴을 프랑켄슈타인의 약점을 보강할 수 있는 대안이 됨직한 인물로 보기도 하지만, 그를 그렇게 비중이 큰 인물로 보기는 어렵다.

가장 한 가운데 위치한 괴물의 이야기는 자신의 외모로 인해 인간 공동체에 속하지 못하고, 소외의 절정에 달한 상황을 전달해 준다. 괴물의 이야기는 모든 이야기의 중심에 위치해 있어, 주제나 서술 기법상 중요한 의미를 지니게 된다. 프랑켄슈타인이나 월턴의 고립과 야망에 비해 괴물의 욕망은 오히려 가족과 사회 안에 자리하고 싶은 욕망이라고 볼 수 있다.

괴물은 자신의 처지를 이야기하면서 프랑켄슈타인에게 여성 괴물을 만들어줄 것을 요구한다. 괴물은 자신이 습득한 말과 글을 통해 자신의 입장을 훌륭하게 전달하고 있다. 또한 괴물은 드 레이시 가족을 찾아온 아랍 여성인 사피보다 말과 글을 빨리 배운다는 사실을 자랑하기도 하는데, 괴물의 이야기는 언어의 문제, 의사소통의 문제까지 포함하고 있다. 이러한 소외된 괴물의 의사소통의 문제는 현대인에게 시사하는 바가 크다.

독특한 이야기 장치를 통해 괴물의 이야기는 중심으로 부각되고 괴물의 이야기 이후 다시 프랑켄슈타인의 이야기가 이어지는데, 이때 괴물과 프랑켄슈타인의 관계는 변화를 이룬다. 즉, 프랑켄슈타인이 괴물의 요청을 거절함으로써 엘리자베스가 괴물에게 살해된 이후부터 프랑켄슈타인과 괴물과의 관계는 전이된다.

프랑켄슈타인은 사탄과 같은 존재로 변모하며, 생명이 없는 북극지방까지 괴물을 추적하게 된다. 즉, 여태까지의 추적 관계가 바뀌어 프랑켄슈타인이 괴물을 쫓는 관계가 된다. 프랑켄슈타인은 괴물에 대한 복수심이 이제 무덤으로부터 해방되어 바로 프랑켄슈타인 자신의 정신이 되었음을 고백한다. 괴물의 정신은 이처럼 프랑켄슈타인에게 전파되고 서술 구조상 맨 바깥 테두리에 위치한 월턴도 프랑켄슈타인의 복수심에 영향을 받는다.

『프랑켄슈타인』의 입체적인 서술 구조는 소설가의 창조 행위가 단선적이 아니라, 여러 층을 지닌 복합적인 관계로 이루어진다는 것을 보여주는 데 효과적이다. 아울러 이러한 이야기 장치는 작품에 대한 다양한 해석을 가능하게 한다. 이와 같은 중첩적 서술 구조는 여성적 글쓰기의 형태라고 지적되기도 하면서 페미니즘적 주제와 서술 구조를 연결시켜 보는 접근방

법도 성행하고 있다.

　괴물에 관한 서술이 한 가운데 자리 잡고 있는 바, 괴물의 의미가 가장 지대한 비중을 차지한다고 보았을 때, 이는 페미니즘적 의미로 접근할 수 있다는 것이다. 즉, 소외와 억압과 부당함의 체험에 항변하는 괴물, 추악한 외모로 인해 인정받지 못하는 괴물의 존재는 메리 셸리가 살았던 19세기 여성의 주변적 위치를 상기시켜 주는 것으로 풀이될 수 있다. 결국 셸리는 월턴과 프랑켄슈타인이라는 존재에 비해 주변적 위치에 머물고 있는 괴물의 상황, 즉, 자신의 위치를 찾고자 하는 욕망이 부인될 수밖에 없는 현실을 독특한 서술 장치를 통해 입체적으로 보여주고 있는 것이다.

　이러한 『프랑켄슈타인』의 독특한 서술 구조의 묘미는 대부분의 영화나 각색 소설, 애니메이션 등에서 제대로 구현되지 못하였다. 『프랑켄슈타인』에서 파생된 대다수 문화 상품에서는 아예 월턴 선장의 존재를 없애거나 괴물에게 언어를 부여하지 않아서 원래 이야기 장치의 묘미를 고려하지 않고 있다.

　이러한 이야기 장치를 되살리려는 시도로 케네스 브래너(Kenneth Branaugh) 감독의 「메리 셸리의 프랑켄슈타인 Mary Shelley's Frankenstein(1994)」을 들 수 있다. 이 영화에서는 영화 처음과 마지막에 월턴을 등장시켜서 전체적으로 원작의 구조를 따르고 있다. 또한 프랑켄슈타인과 월턴을 서로 닮은 이미지로 제시하고 있다.

　그러나 『프랑켄슈타인』 원작이 지닌 서술 장치의 효과를 제대로 살려내지는 못했다는 것이 일반적인 평이다. 왜냐하면 영화에서는 주인공을 프랑켄슈타인으로 설정하여, 그의 고상한 영웅적 면모를 가장 크게 부각시키고 있기 때문이다. 이러한 각색과 연출의 결과, 원작의 서술 구조에서 볼 수 있는 인물들 간의 복합적인 관계나 구도가 제대로 재현되지 못한 것으로 평가될 수 있다.

생명 창조의 신화: 괴물의 대명사, '프랑켄슈타인'

'프랑켄슈타인'이라는 고유명사는 괴물의 대명사가 되어버렸으며 '프랑켄슈타인'에 관련된 주제는 다양한 매체를 통해 재생산되고 있다. 메리 셸리의 『프랑켄슈타인』은 지속적으로 각색되어 과학소설, 만화, 연극, 텔레비전 드라마, 영화, 광고 등에 걸쳐 흥미로운 주제로 다루어지면서 재해석되어 왔다.

'프랑켄슈타인'은 현대 문화의 상징물 가운데 하나로 자리 잡았고, 문화 산업의 지속적인 관심사가 되고 있다. 이를테면 19세기 영국에서는 캐리커처를 통해 괴물을 반항적 인물로 제시하였고, 20세기 초반에는 제임스 훼일(James Whale)이 『신과 괴물 Gods and Monsters』과 같은 영화를 통해 제1차 세계대전의 황량한 현실을 제시하였다. 20세기 후반부터 21세기에 이르면서 생명공학의 획기적인 발전 가운데서 '프랑켄슈타인'의 이야기는 다시 관심을 끌고 있다.

이처럼 여러 각도에서 이야기의 재해석과 재생산이 지속적으로 이루어지고 있는 이유는 원작『프랑켄슈타인』의 이야기가 생명의 탄생, 죽음, 가족, 과학, 신, 부모로서의 의무, 계급과 젠더, 소외와 의사소통의 문제 등과 같은 다양한 주제들을 담고 있기 때문이다. 특히 근자에 프랑켄슈타인보다 괴물을 주인공으로 보는 관점이 지배적으로 되면서 '프랑켄슈타인' 원작 소설은 괴물의 존재를 중심으로 재해석되기 시작했다.

괴물의 존재가 주요하게 부상되면서 '프랑켄슈타인'은 페미니즘 비평의 주요 연구 대상이 되었다. 가장 직접적인 원인은 셸리가 유명한『여권옹호』의 저자인 메리 울스턴크래프트의 딸이라는 전기적 사실 때문이기도 하다. 이러한 사실도 중요하지만 수전 울프슨(Susan Wolfson) 같은 비평가는 등장인물들의 심리와 행위를 통해 당시 성 이데올로기의 실체를 볼 수 있는 점이 중요하다고 지적한다(p.50).

페미니즘 비평에서는 괴물의 존재를 당시의 여성의 처지나 상황과 관련해서 보는 경우가 많다. 이를테면 길버트(Sandra Gilbert)와 구바(Susan Gubar)는 괴물이 당하는 수난은 가부장제 사회에서 소외된 여성이 겪는 수난과도 같다고 논하였다(p.220, 225). 메리 푸우비는 희생자로서의 괴물에 강조점을 두어 괴물이 가부장제 사회의 여성과 같은 존재라고 지적한다(p.128). 아울러 푸우비는 작품에서 창조성을 중시하는 낭만적 규범과 여성의 가정적 면을 중시하는 빅토리아 시대 규범 사이의 긴장을 읽어낼 수 있다고 본다(p.131).

모어즈(Ellen Moers)도 괴물의 존재에 주목하면서 여성의 출산과 괴물을 둘러싼 죄의식·공포·도피의 드라마로 '프랑켄슈타인'을 논한다(p.93). 피터 브룩스(Peter Brooks)도 괴물에 주목하는데 인간의 몸보다 큰 괴물의 몸체는 전통적인 몸의 시각에서 벗어난 의미를 지닌 것으로 본다. 즉, 괴물의 몸체는 여성의 몸에 대한 당시의 인식틀을 뒤집어보려는 셸리의 시도와 관련된 것으로 보고 있다(p.199).

특히 브룩스는 괴물의 몸은 모성과 부성, 성(sexuality), 서술의 복합적인 문제들을 제기하고 있는 것에 주목하면서 몸과 욕망, 서술 언어의 관계를 소설 중앙에 위치한 괴물의 이야기를 중심으로 분석하고 있다. 브룩스의 경우는 프랑켄슈타인보다는 괴물의 몸체에 주목하면서 페미니즘과 정신분석학적 관점이 결합된 방법론으로 작품의 의미를 읽어내고 있다.

'프랑켄슈타인'의 이야기는 이처럼 괴물을 중심으로 재조명되면서 19세기에 씌어진 이야기이지만, 현재성을 지닌 작품으로 평가받고 있다. 즉, 20세기의 유전공학의 발전과 더불어 현대 생명공학의 다양한 결과들을 미리 보여주는 과학소설로 인정받고 있다. '프랑켄슈타인'은 생명과학의 발전이 대중매체에 어떻게 반영되는 가를 보여주는 중요한 사례가 된다.

특히 1970년대에 들어오면 DNA를 자르고 다시 붙이는 DNA 재조합 기법의 등장으로 생명체를 유전적으로 조작·변형하여 새로운 생명체를 만드는 것이 현실 속에서 가능해졌다. 이는 1970년대 중반 이후 유전자가 조작된 생명체에 대한 대중적 논쟁을 촉발시켰고, 그 속에서 '프랑켄슈타인'의 그림

자는 새롭게 변형된 형태로 부활했다. 그래서 1990년대에 들어서면서 과학소설과 이에 기반을 둔 SF 영화에서 '프랑켄슈타인'을 변형시킨 모티브들을 자주 볼 수 있다.

케네스 브래너의 「메리 셸리의 프랑켄슈타인(1994)」, 1980년대 초의 고생물 DNA 연구에서 힌트를 얻은 마이클 크라이튼(Michael Criton)의 소설 『쥬라기 공원(1992)』과 동명으로 제작된 영화(1993), 웰즈(H. G. Wells)의 과학소설을 기반으로 최근의 유전공학의 쟁점들을 부각시킨 「닥터 모로의 DNA (1996)」 등이 그러한 예들이며, 유전자 조작 생물체의 위험성에 대한 우려를 표출한 「미믹(1997)」 「딥 블루 씨(1999)」 등도 이 틀을 따르고 있다.(http://www.hps.snu.ac.kr 참조)

이처럼 원전 『프랑켄슈타인』은 세기가 바뀌면서 더욱 다양한 재해석 작업이 이루어지고 있으며, 괴물의 대명사가 된 '프랑켄슈타인'이라는 단어는 전 세계 문화에 하나의 주요한 아이콘이 되었다. 이러한 아이콘을 둘러싼 문화 산업은 다양한 방향의 재생산으로 지속되고 있다.

『프랑켄슈타인』 다양하게 읽기

『프랑켄슈타인』과 SF

　『프랑켄슈타인』은 도덕적 책임이 없는 과학발전이나 기술발전에 대한 경고를 담고 있어, 20세기와 21세기 유전공학의 발전과 더불어 새로운 의미를 지니게 되었다. 즉,『프랑켄슈타인』은 20세기와 21세기의 생명 창조와 관련된 과학소설에 하나의 패턴을 마련하게 되었다. 과학적 발견이 소설의 플롯에 주요한 역할을 하고 있다는 의미에서 이 작품은 여성 작가가 쓴 19세기의 주요 과학소설이라 할 수 있다. 이처럼 스무 살도 채 되지 않은 어린 여성 작가가 과학기술의 발전과 생명 창조의 문제를 이미 한 세기 반이나 앞서서 예견하고 있는 점은 놀랄만한 일이다.

테렌스 홀트(Terrence Holt)는 『프랑켄슈타인』을 과학소설의 한 분야로 보고 여러 쟁점들을 분석하였는데, 전반적으로 과학소설이라는 장르가 신비화된 면이 있다고 지적한다. 그러나 과학소설의 기본적인 틀은 과학소설가들이 과학적 가설들을 기반으로 작업하여 텍스트에서 과학의 미래, 즉 과학 발전이 사회나 개인에 대해 가하는 충격을 예견한 것이라 할 수 있다(p.113).

따라서 『프랑켄슈타인』을 과학소설로 논하는 첫 단계는 소설의 과학적 배경, 즉 당시의 과학적 가설들을 알아내는 일이다. 20세기나 21세기 독자들에게 있을 법하지 않거나 오래된 것처럼 보이는 사실은 실상 소설 창작 당시의 과학적 배경에 상상력이 가미되어 재현된 것이라는 점을 인식해야 한다.

『프랑켄슈타인』에 나타난 당시의 과학적 배경은 주로 실험 생물학(experimental biology)의 발전에 근거를 두고 있다. 셸리는 당시 과학에 대해 해박한 지식을 소유하고 있었다. 앤 맬로(Anne K. Mellor)는 소설의 과학적 장치와 관련된 세 가지 과학적 배경에 대해 설명하고 있는데, 이는 19세기 과학의 주된 방법론을 반영하고 있다.

첫째로 에라스무스 다윈의 분류학을 들 수 있다. 에라스무스 다윈은 찰스 다윈(Charles Darwin)의 조부로서 그의 분류학은 찰스 다윈의 진화론의 토대가 되었고, 메리는 "언젠가 인간이 생명을 창조할 것"이라고 한 에라스무스의 이론에 대해

토론하기도 했다. 진화를 가속화시키려는 욕망은 19세기 생물학적 이론의 주된 맥을 반영할 뿐 아니라, 현대 과학소설의 지속적인 주제가 되고 있다.

두 번째는 화학자 험프리 데이비(Humphrey Davy)의 화학 이론이다. 셸리는 데이비의『화학 철학 원리』도 읽었으며, 당시 화학에 대해 잘 알고 있었던 것으로 보인다. 화학을 통해 주변 물질의 정복이 가능하다는 가설은 작품에서 프랑켄슈타인이 받은 교육이나 자신의 연구에서 잘 드러나고 있다.

마지막으로 루이기 갈바니(Luigi Galvani)의 실험들, 즉 전기가 어떻게 동물과 인간의 근육과 신경체계 안에서 기능을 발휘하는가를 탐색한 갈바니의 실험들이다. 이는『프랑켄슈타인』에서 프랑켄슈타인이 자신의 창조물에 생명을 부여하는 데 필수적인 생명의 불꽃(spark)을 언급하는 장면에서 잘 드러난다.

이러한 과학적 맥락들과 작가의 놀라운 상상력이 결합되어 탄생된『프랑켄슈타인』은 '인간의 창조'라는 혁신적인 주제로 말미암아 지속적인 주목을 받게 되었다. 즉, 생명 창조에 관련된 수많은 SF 작품들의 원형적 패턴을 마련해 준 주요한 SF 문학과 SF 영화의 뿌리가 되었다. 19세기에 어린 여성 작가가 이러한 SF 문학의 원형적 패턴을 마련하였다는 점은 놀라운 일이 아닐 수 없다.

셸리가 생명 창조의 방법을 구체적이고 상세하게 기술하고 있지 않음에도 불구하고, 프랑켄슈타인의 고투는 독자에게 상당한 설득력을 지닌다. 홀트는『프랑켄슈타인』에서 생명 창조 과정과 관련된 과학의 기능을 블랙박스(black box)에 비유하고 있다(p.114). 실제 과정은 생략한 채 상자 속에 들어가는 자료들과 결과만 제시하고 있기 때문이다. 상자 속에 있는 자료들은 프랑켄슈타인의 초기 연구들과 불꽃, 실험실 등이며, 그 결과 괴물이 창조된다.

실제 과정이 텍스트에서 언급되지 않은 이유는 셸리가 19세기 과학에 대한 배경적 지식이 없었기 때문이 아니다. 홀트에 따르면 상세한 과정을 생략한 것은 무지의 표시라기보다는 셸리가 인간의 창조라는 주제를 다루는 작업에서 당대 과학자가 행한 것 이상의 무엇을 해내었기 때문이라는 것이다. 이 과정에서 경험적 지식 이상의 것, 즉 작가의 상상력이 중요한 역할을 하고 있음에 주목해야 한다.

셸리는 당시 과학 기술의 발전을 작품 속에 담아내고 있을 뿐만 아니라 과학의 이미지들을 빛의 이미지와 같은 문학적 이미지와 결합시키는 방법으로 자신의 작품을 더욱 섬세한 과학소설로 만들고 있다. 생명의 비밀을 알아내는 장면은 과학소설의 장면이자 빛의 이미지를 사용하여 독자에게 감동을 주는 부분이다. 프랑켄슈타인은 생명의 생성과 소멸에 대한 비밀을 밝혀내기 위해 밤낮으로 연구하던 중 갑자기 생명의 원리를 깨닫게 된다.

나는 인간의 멋진 형상이 어떻게 퇴화하고 소모되어 가는지 보았다. 생기 있던 생명의 뺨이 죽음으로 부패해가는 것을 보았다. 구더기가 경이로운 눈과 머리에 어떻게 자리 잡는가도 보았다. 생명에서 죽음으로 죽음에서 생명으로 변화하는 데서 볼 수 있는 상세한 인과관계들을 조사하고 분석하다가 난 잠시 멈추었다. 그런데 그때 갑자기 어둠 속에서 빛이 내게 쏟아졌다. 이 빛은 너무도 밝고 경이로웠지만 아주 단순했다. 그 빛이 보여줄 무한한 전망에 어지러움을 느끼면서도 같은 학문을 탐구했던 많은 천재들 가운데 나 혼자만이 그렇게 놀라운 비밀을 발견하였다는 깃이 놀라웠다.

내가 미친 사람의 환상을 기록하고 있는 것이 아니라는 사실을 기억하기 바란다. 내가 지금 발견한 것이 사실이라는 건 해가 하늘에서 확연히 빛나는 것과 같이 명백한 것이다. 기적이 이 발견을 가능하게 했다하더라도 발견의 단계들은 명확하고 믿을 만한 것이었다. 믿을 수 없을 만큼 힘든 작업과 피로로 점철된 밤낮을 보낸 다음 나는 생식과 생명의 비밀을 발견하는 데 성공했던 것이다. 아니 그 이상이었다. 내가 생명이 없는 물체에 생명을 부여할 수 있게 되었던 것이다(1818년판, pp.30-31).

이러한 부분들에서 보다시피 셸리는 생명 창조와 연루된 비밀을 알아내는 과정을 어둠과 빛의 대조적 이미지를 사용하여 시적으로 표현하고 있다.

그러면 셸리는 과학소설의 방향성 문제를 어떻게 제시하고 있을까? 그녀는 프랑켄슈타인의 생명 창조의 열의를 다각적으로 조명하고 있다. 프랑켄슈타인의 열의는 소설 가장 바깥에 위치한 이야기의 주인공인 월턴 선장의 북극 탐험 의지와 유사한 맥락을 지니고 있다. 즉, 두 사람의 의지는 인간이 지닌 능력 이상의 것을 탐색하는 낭만적 정신의 극단을 보이고 있다. 셸리는 이러한 낭만적 정신의 소산인 열의와 의지가 방향을 제대로 찾아야한다는 것을 강조한다. 그녀는 이러한 의지의 방향이 잘못된 경우에 과학적 지식은 인류에게 해악을 끼칠 수 있다는 점을 보여주고 있다.

그러면 셸리는 프랑켄슈타인의 과학적 탐구나 창조 정신에 대한 우려만을 표명하고 있을까? 우선 작품 초반부에 프랑켄슈타인은 월턴에게 충고를 하는데, 이 충고에서 셸리의 메시지를 읽어낼 수 있다. 즉, 자신처럼 열의 때문에 비참한 상황으로 치닫지 말며, 자신의 능력이 닿는 영역 이상을 갈망하는 사람보다 자신이 태어난 곳을 세계 전체라고 믿고 사는 사람이 더 행복하다는 충고의 말을 해준다. 프랑켄슈타인과 유사한 동기를 지닌 월턴은 결국 이러한 충고에 따라 탐험을 포기하게 된다. 독자들은 이러한 충고의 말과 결말의 프랑켄슈타인의 죽음, 월턴의 고향으로의 회귀, 괴물의 사라짐 등을 통해 인간의 지나친 이상주의나 과학적 탐구는 부정적인 결과를 초래할 수 있음을 읽어낼 수 있다.

그러나 마지막 프랑켄슈타인의 태도는 초반부의 충고와 달리 영웅적 정신을 강조하는 쪽으로 설정되어 있다. 프랑켄슈타인은 선원들에게 탐험을 포기하고 고향으로 돌아가는 것은 패배이며, 영웅이 되어 돌아가야 한다고 역설한다. 또한 월턴에게 자신은 죽지만 다른 이들이 자신이 하던 일을 완성할 수 있을 것임을 역설한다. 이 말은 마치 프랑켄슈타인 자신이 초반부에 월턴에게 했던 충고의 말들을 스스로 조롱하고 뒤집는 것처럼 보이기도 한다.

결국 셸리는 프랑켄슈타인의 프로메테우스적인 욕망을 완전히 부정적인 것으로만 매도하지 않는다. 그녀는 프랑켄슈타인의 과학적 지식과 창조적 정열이 책임감과 올바른 가치관을 동반한다면 진실로 인류를 위해 바람직하게 이용될 수 있다는 메시지를 전하고 싶었던 것이다. 이는 생명에 관련된 현대의 기술 발전이나 여타 과학 발전에 대한 하나의 지침으로 작용할 수 있는 메시지라고 볼 수 있다. 아울러 '프랑켄슈타인'을 중심으로 한 문화 산업에도 하나의 중요한 지침을 제공할 수 있다.

페미니즘과 『프랑켄슈타인』

메리 셸리의 파란만장한 생애를 고려해볼 때, 그녀는 당시 여성에게 적용되던 성 이데올로기에 만족할 수 없었을 것이다. 특히 『프랑켄슈타인』 1831년 서문에서 그녀의 이중적 입장을 볼 수 있는데, 메리는 부모가 이루어냈던 업적에 걸맞는 명성을 얻고 싶은 욕망과 가정에서의 역할, 즉 가족을 돌보는 일이 서로 상충되는 영역임을 이야기하고 있다. 여성이 글을 써서 공적인 영역으로 진출하는 어려움에 대해서 이야기하고 있는 것이다. 여하튼 셸리는 여성 작가임을 밝히지 않은 채 책을 출판하였는데 자신이 당시 여성 작가로서 겪었던 어려움과 갈등을 『프랑켄슈타인』에서 읽어낼 수 있다.

이처럼 셸리가 여성 작가인 점, 남성이 불가능한 영역인 생명 출산의 영역까지 침범한 결과를 다룬 점, 문체 면에서도 남성 작가의 서술 구조와 다른 점 등을 들어 『프랑켄슈타인』을 여성적 글쓰기의 예로 보면서 페미니즘의 관점에서 『프랑켄슈타인』의 의미 찾기가 지속되고 있다.

특히 샌드라 길버트와 수잔 구바가 『프랑켄슈타인』을 통해 남성 신화의 대표인 존 밀턴(John Milton)의 『실낙원 *Paradise Lost*』을 전복시키고 있는 점들을 찾아내면서부터 페미니즘적 읽기가 성행하고 있다. 길버트와 구바는 밀턴이 『실낙원』에서 여성 혐오 신화를 구축했고, 여성 작가들은 마치 밀턴의 딸처럼 아버지(남성)에게 봉시하면서, 남성과 대등해지고 싶은 욕망을 지닌 존재가 되었다고 본다.

길버트와 구바는 셸리가 괴물을 통해 이러한 여성 작가의 욕망을 표출할 뿐만 아니라, 부당한 대우에 대한 분노를 형상화하고 있음을 밝힌다. 아울러 고딕소설의 장르적 특성, 괴물의 의미 등 주제와 형식에 걸쳐 페미니즘적 요소가 작품에 함축되어 있음에 주목한다. 엘런 모어즈는 괴물 탄생의 장면과 프랑켄슈타인이 자신이 창조한 생명체를 보고, 두려움과 혐오감에 도망치는 장면이 가장 여성적인 부분이라고 본다. 즉, 출산 이후의 우울증, 절망감, 죄의식, 공포감이 잘 드러난 부분으로서 여성만이 겪을 수 있는 감정을 재현한 것으로 보고 있다.

『프랑켄슈타인』을 페미니즘의 관점에서 읽을 경우, 당시 젠더 이데올로기의 문제, 가정의 문제, 남성 자생 신화에 대한 비판 등을 짚어낼 수 있다. 특히『프랑켄슈타인』의 급진성에 주목한 비평가들이 작품에 담긴 젠더의 정치성에 주목하고 있다. 즉, 당시 젠더 이데올로기의 영향을 모든 등장인물들을 통해 엿볼 수 있다.

가장 뚜렷이 짚어낼 수 있는 것은 당시의 남녀 역할 분리이다. 등장인물들 중 남성들은 주로 학문과 직업의 공적인 영역에 종사하고, 여성들은 가정이라는 사적인 영역에 종사한다. 주인공 프랑켄슈타인은 대학에 진학하며 남성의 영역에 속하는 학문 탐구에 몰두한다. 친구인 클러벌도 대학에 진학하기 위해 잉골슈타트로 온다.

그러나 여성 인물들은 가정의 영역에 머물 뿐만 아니라, 자신의 운명을 조용히 받아들이는 것으로 설정되어 있다. 여성 인물들은 당시의 여성 이데올로기인 '가정의 천사'에 충실한 존재로 그려지고 있다. 프랑켄슈타인의 어머니인 캐롤라인 보포트는 1818년 판에 따르면 아버지의 파산으로 고아가 된 상태에서 아버지의 친구인 알폰스에 의해 구제되고 보호받는 존재로 설정되어 있다. 그녀는 결혼 이후에도 가난한 사람들을 위해 봉사하고 가족을 돌보며 엘리자베스의 성홍열을 간호하다가 희생되는 존재이다.

하녀인 저스틴은 일찍 프랑켄슈타인 집안에 받아들여져 안주인 캐롤라인의 행동 규범을 그대로 익혀 간다. 그녀는 결백

한데도 살인범의 누명을 뒤집어쓰고 죽으며, 지상에서 자신의 결백을 증명하는 행위보다 천국에서의 구원을 더 중시하고 있다. 이러한 저스틴의 면모는 당시 종교 이데올로기가 여성을 통제하는 데 어떻게 이용되었나를 보여 준다. 또한 작품 후반부에 프랑켄슈타인이 살인범 누명을 쓰고 투옥되었을 때 쉽게 풀려난 것과 대조해 볼 때, 하층계급 여성의 인권은 제대로 보호받지 못했음을 알 수 있다.

1818년 판에 따르면 여주인공 엘리자베스도 일찍 어머니를 여의고, 외삼촌인 프랑켄슈타인의 아버지에 의해 입양된다(1831년판에서는 프랑켄슈타인의 어머니가 여행중 발견했다가 나중에 입양하게 되는 가난한 아이다). 그녀는 캐롤라인에 이어 가정을 돌보는 역할을 맡는다. 프랑켄슈타인이 과학의 영역에 관심을 보이는 것과 대조적으로 엘리자베스는 상상력과 시의 영역에 더 관심이 있고 소질이 있는 존재, 언제나 가정을 돌보는 천사와 같은 존재, 지속적으로 프랑켄슈타인을 기다리는 수동적 존재로 설정되어 있다. 엘리자베스 자신이 결정을 내리거나 선택

영화 「메리 셸리의 프랑켄슈타인」 중 괴물 (로버트 드 니로)과 신부 엘리자베스(헬런 본 험 카터).

을 하는 경우는 거의 없으며, 주로 프랑켄슈타인의 결정에 따른다. 사랑의 화신으로서 법정에서 저스틴의 무죄를 주장하는 엘리자베스에게서 프랑켄슈타인을 구원해 줄 가능성을 보기도 하지만, 궁극적으로 그녀는 괴물에 의해 희생됨으로써 어떤 여성 인물들보다 가혹한 희생자의 운명을 맞게 된다.

사피 같은 여성은 아버지의 억압을 피해 용감하게 혼자서 드 레이시 가족을 찾아오고, 자신의 사랑을 쟁취한다. 즉, 당시 여성 이데올로기에서 강조된 여성상과는 대조적인 면을 지닌 여성이다. 그러나 아랍 여성으로 설정되어 있고, 잠시 등장함으로써 작품의 다른 여성들에 비해 비중이 약하다고 볼 수 있다. 여성 괴물 또한 만들어지기 전에 파기됨으로써, 존재의 가치가 아예 무시되어 버리는 것으로 설정되어 있다. 결국 프랑켄슈타인의 여성들은 힘없는 천사로서 죽거나 작품 도중에 잠깐 등장하는 인물일 따름이다.

이처럼 수동적인 여성 인물들을 중심으로 구성된 가정은 어떠한가? 즉, 이러한 가정이 담고 있는 그 당시의 가정 이데올로기는 어떠한가? 프랑켄슈타인의 가정이나 괴물이 관찰한 드 레이시 가정을 통해 가정은 도덕 교육의 장이며 세상으로부터의 피난처 역할을 하는 것으로 보인다. 특히 프랑켄슈타인의 가정은 매우 이상적인 것처럼 보인다. 아이들도 대조적인 기질로 서로 아름다운 조화를 이루는 것처럼 제시되고 있다. 가정은 친절과 보호의 개념이 중심이 되며, 세상의 풍파에서 격리된 아늑함 등이 강조되어 있다.

그러나 그런 긍정적인 외양과는 달리 프랑켄슈타인의 가정은 숨은 이면에 문제점을 지니고 있다. 이 가정은 애정으로 이루어진 관계라기보다 경제적 관점에 기반을 둔 계약의 느낌을 준다. 조하나 스미스(Johanna M. Smith)의 말처럼 각 구성원의 관계는 채무관계의 용어가 중심이 되어 있다. '빚지다, 주다, 부여하다, 요구하다(owe, give, bestow, claim)' 등의 용어가 관계의 중심을 이루고 있다. 프랑켄슈타인의 어머니는 아버지에게 빚을 진 것과 같은 관계에 있으며, 엘리자베스도 자신을 양녀로 받아들인 이 가족에게 빚을 지고 있는 것으로 보인다. 저스틴도 하녀이긴 하나 자신을 일찍 받아들인 이 가정에 빚을 지고 있다.

캐롤라인, 엘리자베스, 저스틴 등의 여성이 희생되는 것도 프랑켄슈타인 가정의 속성, 즉 감사와 의무를 강요하는 패턴과 연루된 것이다. 늘 감사해야 한다는 패턴은 세 사람에게 공통으로 적용되어 세 여성은 궁극적으로 희생양의 역할을 하고 있다. 가정적 역할과 공적 역할의 분리, 젠더 역할의 문화적 형성 과정에서 여성이 피해자임을 읽어낼 수 있다.

프랑켄슈타인이 자신의 창조물을 유기하는 행위 또한 바람직한 가정의 아버지상은 아니다. 프랑켄슈타인 가정의 부드러운 애정, 부모로부터 배운 인내와 자비, 자기 통제의 미덕이 왜 프랑켄슈타인에게 힘을 주지 못하는 것일까? 프랑켄슈타인의 창조물에 대한 무책임한 행위는 어떻게 설명해야 하는 것일까? 즉, 엘리자베스와 클러벌과 같은 인물들을 통해 엿볼 수 있는 미덕들이 왜 프랑켄슈타인을 지켜주지 못하는가는 의문이 아닐 수 없다.

그 해답은 자연이나 가정성이 남성의 영역으로 간주되는 과학과 연루될 때의 복합적인 관계에서 찾아볼 수 있다. 프랑켄슈타인의 가정에서 볼 수 있는 감사와 의무의 패턴에 따라 여성은 주로 봉사하고 주는 역할을 담당하고 있다. 남성은 이를 당연히 누리는 것으로 되어 있으며, 자연에 대한 남성 인물의 태도도 이러한 남성 중심의 패턴을 따르고 있다. 즉, 프랑켄슈타인은 자연을 정복 대상으로 본다. 그는 여성화된 자연을 정복하고, 그 비밀을 캐내는 남성적 과학의 영역을 선택하는 것이다. 그는 알려지지 않은 지구와 천체의 비밀을 밝히고 싶은 열렬한 욕망을 지니게 된다. 자연의 정복이나 침투는 과학적일 뿐만 아니라 성적인 의미도 지닌다.

프랑켄슈타인의 생명 창조는 금지된 지식에 대한 추구와 관련이 있다. 발드만 교수는 "자연의 깊숙한 곳까지 파고 들어가 자연의 은밀한 곳에서 자연이 어떻게 작용하는지 밝혀내는 것"(1818년판, p.47)이 과학자의 할 일이라고 규명하는데, 멜로의 지적처럼 발드만의 비유는 17세기와 18세기의 과학자들의 저술로부터 직접 유래한 것이다(p.131). 이는 여성의 몸체, 생식 기능을 지닌 어머니의 몸체에 초점이 두어진 것으로 볼 수 있으며, 자연은 남성적 욕구를 충족시켜 주기 위한 여성처럼 간주되고 있다.

창조의 순간을 엿보려는 욕망은 괴물의 창조와 연관되어 있으며, 멜로는 프랑켄슈타인이 인간 생명의 자연적인 탄생

방식을 박탈한 것이 여성의 파괴(destruction of female)와 연관되어 있음을 지적한다(p.220). 특히 이는 그의 연속적인 악몽, 자신의 품에서 신부가 될 엘리자베스가 죽은 어머니의 시신으로 변하는 악몽 속에 상징적으로 제시되어 있다는 것이다. 『프랑켄슈타인』 4장에서 프랑켄슈타인은 생명체를 합성하여 완성시킨 후 잠든 사이에 엘리자베스와 어머니의 죽음에 대한 악몽을 꾸게 된다.

> 나는 엘리자베스가 최상의 건강한 모습으로 잉골슈타트의 거리를 걷고 있는 걸 보았다고 생각했다. 나는 기쁘고 놀라워서 그녀를 껴안았다. 그런데 그녀의 입술에 첫 입맞춤의 자국을 남겼을 때, 그녀의 입술은 죽음의 빛깔인 납빛으로 변해버렸다. 그녀의 모습이 변하는 듯 싶더니 내 팔은 어머니의 시신을 안고 있는 것으로 생각되었다. 그녀의 몸에 수의가 휘감겨 있었고, 플란넬 천 주름 사이로 시체에 꾀는 구더기가 기어 다니는 걸 보았다(1818년판, p.34).

어머니와 엘리자베스의 죽음과 관련된 이 악몽은 생명 탄생에 여성을 배제시킨 결과, 즉 남성 자생 신화의 결과의 부정적 양상을 강조한 것이다. 이처럼 프랑켄슈타인의 창조 과정과 그 결과는 여성의 배제, 여성의 죽음과 연관된 것임을 읽어 낼 수 있다.

『프랑켄슈타인』의 문체도 페미니즘과 맞물려 있다. 고딕소설의 장치와 로맨스의 장치가 뒤섞여 있어 어두움과 공포, 초자연적인 정서를 불러일으키는 효과가 있다. 이러한 장치는 일상적이고 평범한 것을 넘어서는 복합적인 정서를 불러일으킴과 동시에 18세기의 계몽주의적 합리성이나 이성으로 재단될 수 없는 영역의 중요성을 환기시키는 효과가 있다. 과학을 이용해 자연을 정복하려는 남성끼리의 우정, 이들이 빚어낸 절망과 고립, 악몽과 같은 세계, 괴물의 탄생을 둘러싼 초자연적 공포를 재현하는 데 있어 고딕소설과 로맨스의 요소가 결합된 글쓰기 장치는 적절한 것이다.

또한 『프랑켄슈타인』에서 여성의 상황이나 중산층 가정 이데올로기를 비판하고 전복시키는 장치로서 여성적 글쓰기의 장치가 동원되고 있다. 남성 작가들이 주로 활동하던 시기에 글을 써야했던 셸리는 고딕소설의 장치와 여러 겹의 서술 장치를 통해 자신의 의도를 겹겹이 포장하고 있다. 1818년의 서문이나 1831년의 서문은 아버지에게 바치는 헌사 등으로 포장하고 있으며, 서문에서 가족의 가치와 인간의 보편적 미덕을 강조하는 작품이라고 말하고 있지만, 실제 악몽과 어둠으로 가득찬 텍스트의 고딕적 세계는 당시의 가족 이데올로기나 젠더 이데올로기를 비판하고 전복하려는 의도를 담고 있다.

맑시즘과 『프랑켄슈타인』

『프랑켄슈타인』은 맑시즘의 관점으로도 다양한 의미를 추출해 낼 수 있다. 맑시즘의 요소 가운데 가장 주목할 만한 점은 괴물을 자본주의 사회에서 소외된 노동자에 비교할 수 있다는 것이다. 맑스의 소외된 노동자에 대한 분석은 괴물이 겪는 소외의 상황과 절묘하게 들어맞는 면이 있다.

괴물은 노동자들이 겪는 분노와 비참함을 겪는다. 괴물의 외모와 행위는 맑스의 주장, 자본주의 생산양식이 노동자를 기형으로 만들고 야만적인 상황으로 만들 수밖에 없다는 주장과 일치하는 면이 있다. 특히 드 레이시 가족 주변에 머무는 동안 괴물이 겪는 소외의 체험은 노동자의 삶의 상황과 유사하다. 프랑코 모레티(Franco Moretti)도 괴물의 존재를 당시의 무산계급 상황을 재현한 것으로 읽고 있다.

괴물은 자신의 흉한 외모 때문에 사람들에게 인정받지 못하고 자신이 지닌 선한 성품도 복수심과 원한으로 바뀌게 되는 과정에 대해 프랑켄슈타인에게 이야기한다. 드 레이시 가족에게 도움을 주고 물에 빠진 사람을 구해 주기도 하지만, 매를 맞고 쫓겨나거나 총을 맞는 등의 홀대를 겪는 괴물의 경험들은 당시 무산계급 노동자들이 겪는 억압과 소외와 상통하는 것이다.

괴물이 독학으로 체득한 언어와 문자도 괴물 자신의 소외의 상태를 벗어나는 데 기여하지 못한다. 이는 노동자들이 독학을 통해 교육 기회를 가진다 해도 자신이 처한 상황을 쉽게 벗어나기 어렵다는 점과 상통한다. 유일하게 맹인인 드 레이시 노인만이 괴물을 인정하는데, 이러한 인정의 순간은 현실에서 지속될 힘이 없다.

맑시즘적 측면에서 괴물과 창조주의 관계는 노동자와 생산력을 조절하는 힘, 즉 자본주의 생산관계 구조와 유사한 점이 있다. 괴물은 프랑켄슈타인보다 훨씬 더 힘이 세고 덩치가 크지만, 그에게 종속되어 있다. 즉, 이 관계는 자본가와 노동자의 관계에서 볼 수 있는 양상을 그대로 재현하고 있는 것이다. 괴물은 창조주에게 종속되어 있지만, 창조주에게 어떠한 시혜도 받을 수 없는 처지에 있다. 자본주의에 비교될 수 있는 창조주 프랑켄슈타인의 괴물에 대한 태도는 적대적이며, 괴물의 소외감과 분노를 더욱 불러일으킬 따름이다. 프랑켄슈타인은 벗을 만들어달라는 괴물의 요구에 동의하긴 하지만, 궁극적으로 괴물의 소외와 분노를 해결해주지 못한다.

또한 노동자와 노동자 자신이 만든 생산품의 관계가 적대적이고 소외된 속성을 지닌다는 맑스의 견해를 프랑켄슈타인과 괴물의 관계에 적용시켜 볼 수 있다. 프랑켄슈타인을 자본가가 아닌 한 사람의 노동자로 설정할 경우, 프랑켄슈타인의 창조물은 생산품이 된다. 프랑켄슈타인이 생산물을 만드는 과정에서 맑스의 이론을 구체적으로 점검해 볼 수 있다. 예를 들자면 프랑켄슈타인이 생명을 합성해내는 과정 묘사는 마치 악몽을 꾸는 사람의 것처럼 힘들고 역겨운 것으로 나타난다.

프랑켄슈타인의 실험실에서 작업 과정은 창조의 기쁨보다는 혐오감을 전달하고 있다. 그의 작업은 즐겁다기보다는 힘들고 고통스러운 것이다. 그는 자신이 하고 있는 일에 확신을 느끼지 못하고 오히려 비참해 한다. 또한 창조의 과정은 친구나 가족으로부터도 완전히 소외되는 과정이며, 자신의 육체와 정신을 망치는 과정으로 묘사되고 있다.

셸리는 생명 창조의 시작부터 완성 단계에 이르기까지 프랑켄슈타인의 심리를 거의 악몽 같은 고통에 시달리는 상태로 제시하고 있다. 프랑켄슈타인은 창조의 과정에서 자신의 주변뿐만 아니라 아름다운 자연의 변화도 느끼지 못한다. 이러한 과정을 거쳐 만들어진 괴물 또한 고립과 소외의 상황을 벗어나지 못한다. 괴물의 기형적인 외모는 사람들의 눈에 띄는 순간 혐오감을 주며, 드 레이시 가족 구성원들 사이의 사랑과 같은 정을 갈구하는 괴물의 소망도 좌절을 겪는다.

프랑켄슈타인은 괴물이 자신을 고립에서 벗어나게 해 줄 여성 괴물을 만들어달라는 요구에 따라 여성 괴물을 창조하려는 과정에서도 마찬가지의 심정을 느끼는데, 처음 창조의 열정은 사라지고 역겨움만 남았음을 깨닫게 된다. 더구나 괴물과 여성 괴물이 결합하여 악의 씨앗을 전 세계에 번성시킬지도 모른다는 데 두려움을 느낀다.

그는 또한 여성 괴물이 남성 괴물보다 더욱 사악하고 야비한 존재가 될지도 모른다는 생각을 하게 된다. 여성 괴물이 괴물의 고립을 덜어줄 존재가 아니라, 오히려 괴물을 배반하여 더한 고립의 상태로 만들지도 모른다는 등의 우려를 하게 된다. 이런 걱정 때문에 결국은 반쯤 완성하였던 여성 괴물을 파괴해버리고 마는 것이다.

이처럼 추한 몸을 만들어내는 과정에서 프랑켄슈타인은 예술가와 같은 창조의 기쁨을 누리기보다 혐오감을 느낀다. 엘지 미치(Elsie B Michie)의 지적대로 추한 몸의 창조 과정 묘사에서 맑스의 『소외된 노동 *Alienated Labor*』에서 묘사된 것과 동일한 맥락의 내용을 볼 수 있다. 고립된 상황, 음울한 날씨, 가족으로부터의 고립, 계절의 변화로부터도 차단된 상황 자체가 음울하면서도 소외된 작업의 양상을 돋보이게 하는 것이다.

생산품의 재료를 얻기 위해 납골당을 찾아다니는 프랑켄슈타인의 모습에서도 신비스럽고 밝은 생명의 분위기보다는 죽음과 연관된 어둡고 섬뜩한 분위기를 느낄 수 있다. 재료의 주된 부분들이 시신에서 추출되었다는 사실은 이 창조의 과정이 생명력과 연루된 자연과는 거리가 먼 것임을 보여주는 것이다. 또한 절단된 시신의 부분들에 대한 언급은 생산과정의 혐오감을 배가해주는 효과가 있다.

작업 결과 탄생된 괴물의 외양에서 강조된 물질성은 생산의 부정적 양상을 가시적으로 부각시키는 효과가 있다. 셸리는 괴물의 외관에 대해 다음과 같이 묘사함으로써 생산품 자체가 실패작임을 강조하고 있다.

탄생물의 사지는 적절히 균형을 이루고 있었다. 이목구비도 아름답게 만들려고 재료들을 최선으로 골랐는데, 누가 이 모습을 아름답다고 하겠는가. 하느님 맙소사! 탄생물의 누런 피부 아래 근육과 혈관들이 거의 다 드러나 보였고, 윤

영화 「프랑켄슈타인(1931)」의
괴물(보리스 칼로프).

기나는 검은 머리카락들은
길게 흘러 내려져 있었다.
이빨은 진주처럼 흰 빛이었
다. 그러나 하얀 이빨은 암
갈색 눈 주변과 거의 같은
색깔의 희미한 눈, 쭈글쭈
글한 피부, 일직선의 검은
입술과 더 끔찍하게 대조를
이루었다(1818년판, p.34).

　　　　원작 소설의 이러한 외모
묘사는 고딕소설에 나오는 유령이나 악한의 이미지를 연상시
킨다. 정상적인 인간의 모습이 아니라, 합성된 생명체라는 사
실을 확연하게 보여줄 수 있는 모습인 것이다.

이러한 이미지에 기반을 두어 대부분의 프랑켄슈타인 영화
에서 공통적으로 강조된 괴물의 특징은 비정상적으로 큰 덩
치, 꿰맨 자국, 머리의 번개 자국 등의 외관이다. 이러한 외형
의 특징은 괴물이 하나의 물질이라는 것을 부각시킨다. 특히
꿰맨 자국은 괴물이 실패한 생산품이라는 사실을 강조하는 효
과가 있다.

결국 프랑켄슈타인의 작업은 창조라기보다 소외된 생산과정
에 가까운 것이다. 이러한 상황에서 만들어진 괴물은 프랑켄
슈타인의 고립 상태가 가시화된 모습이라 볼 수 있다. 아울러

괴물은 프랑켄슈타인과 연관된 모든 것을 파기하는 부정적인 결과를 가져오게 된다. 이러한 부정적인 양상들은 맑시즘에서 노동자와 생산품의 관계, 노동자와 자본주의 관계에서 뚜렷이 볼 수 있는 소외의 문제를 생생하게 보여주는 듯 하다.

영화 「프랑켄슈타인의 저주(1957)」의 괴물(크리스토퍼 리).

정신분석학과 『프랑켄슈타인』

최근 프로이트(Freud)와 라캉(Lacan)의 정신분석학 이론으로 『프랑켄슈타인』을 읽어내려는 시도를 볼 수 있다. 이 과정에서 정신분석학과 탈구조주의 혹은 페미니즘이 접목되어 괴물의 욕망, 작품의 서술 구조, 괴물의 몸의 관계를 밝혀보려는 시도가 성행하고 있다. 특히 이러한 시도에서 괴물의 욕망 구도를 재단해보는 데는 라캉의 이론이 중심 도구 역할을 하고 있다.

프랑스 정신분석학자인 자크 라캉은 프로이트의 정신분석학에 언어학을 접목시켜 체계적인 정신분석학 이론을 전개하고 있다. 그는 무의식의 세계를 상상계(Imaginary)라고 이름 붙이고, 현실의 세계를 상징계(Symbolic)라고 이름 붙여 구분하고 있다. 즉, 상상계는 오이디푸스 콤플렉스 이전의 단계로서 유아가 언어를 습득하기 이전 단계이자 쾌락의 원리가 지배하는 곳이다. 성인이 되는 과정은 상상계에서 상징계의 질서로 편입되는 과정이며, 경영기(Mirror stage)를 거쳐서 상징계로 들어가게 된다. 상징계는 상징적 질서가 자리하고 있으며, 이는 실재의 원리가 지배하는 성인 세계이다.

라캉 이론에 따르면 유아가 상상계에서 언어를 통해 상징계로 진입하게 되는데, 이 과정은 남녀가 달리 이루어진다. 남성이 성공적으로 상징계에 진입하는 반면에 여성은 소외의 과정을 겪는 것이다. 상징계는 언어와 성차, 법 등의 사회제도를 포함한다. 그리고 이 세계는 남근(Phallus)이라는 중심 개념, 즉 초월적 기표라고 불리는 상징적 기표의 지배를 받게 된다. 따라서 라캉은 프로이트와 같은 맥락으로 상징계가 부권의 법칙에 지배됨을 상정하고 있다.

데이비드 콜링즈(David Collings)는 프랑켄슈타인의 아버지 알폰스 프랑켄슈타인과 그 가족, 드 레이시 가족, 프랑켄슈타인의 결혼, 저스틴의 처형, 프랑켄슈타인의 투옥 등의 영역이 모두 가부장적 결혼, 합법성, 남근적 성, 생식의 성에 해당되는 상징계의 영역이라고 본다. 반면 프랑켄슈타인의 고립이나 고독, 괴물의 소외를 상상계의 영역에 속한 것으로 본다. 프랑켄슈타인은 가상의 존재를 창조하여 상징계 영역에 속할 수 없는 존재를 만들어낸 것이다.

피터 브룩스는 정신분석학과 페미니즘의 방법론을 결합시

켜 괴물의 존재를 분석한다. 그는 괴물의 추악한 몸, 괴물의 욕망, 괴물이 사용하는 언어를 중심으로 하여 괴물의 존재가 정신분석학적 관점에서 어떠한 의미를 지닌 것인지를 검토하고 있다. 그는 호기심 혹은 지식욕이 극단으로 간 결과, 국가에 혼란을 초래하고 눈멀음과 추방이라는 비극으로 끝나고 만 오이디푸스의 경우처럼 괴물은 극단적인 지식욕의 산물이라고 본다(p.218).

괴물은 자연을 이해하고 질서화하려는 인간이 고안해낸 분류법의 어떤 위치에도 속할 수 없는 존재이다. 괴물은 인간이 만들어낸 분류나 언어의 기반을 넘어선 의미를 보여주며, 의미 산출 과정의 이상한 부산물로 되고 있다. 괴물의 체험을 통해 상상계의 공포가 생생하게 재현되고 있을 뿐만 아니라, 상징계의 원리도 그에게 가차 없이 박해를 가하는 것으로 그려진다. 괴물은 언어에서 생명을 얻는 가상적 존재이자 일단 존재가 성립되면 언어로부터 제거될 수 없는 존재가 된다.

괴물은 언어를 사용함으로써 상징계에 진입하지만 괴물이 가는 곳마다 사람들은 괴물의 흉한 외모 때문에 괴물을 거부한다. 괴물의 의미는, 특히 화자와 청자가 달리 상정된 여러 틀을 지니고 있는 『프랑켄슈타인』의 서술 구조와 연관될 수 있다. 서술 구조는 각 화자의 욕망과 서술의 관계를 조명해주면서 언어의 속성을 보여주고 있다. 특히 후반부 프랑켄슈타인과 괴물의 전이된 관계는 말하기와 듣기의 관계가 계속 바뀌는 『프랑켄슈타인』의 서술 구조와 연관된다.

괴물의 보상받지 못한 욕망, 완화될 수 없는 결핍감은 궁극적으로 괴물이 자신의 욕망의 대상에 근접해 갈 수 없음을 보여준다. 실제로 괴물의 욕망은 만족되지 못하고 욕망의 대상 또한 전이되는 과정을 볼 수 있다. 윌리엄의 목에 걸려 있는 프랑켄슈타인의 어머니의 초상에서 느끼는 괴물의 감정이 그러한 예이다. 죽은 어머니의 초상은 특히 괴물에게 존재의 본질적인 결핍 혹은 공백을 체험하게 해주고, 초상화를 보고 느끼는 괴물의 성적인 감정은 오이디푸스적인 것이다. 그러나 그것은 출발부터 '아버지의 금지'라는 검열을 받은 것이며, 브룩스의 말대로 프랑켄슈타인과 괴물의 경우 이러한 오이디푸스적 욕망의 검열은 매우 급진적인 성격을 띤다.

궁극적으로 괴물이 갈구하는 '존재의 사슬(chain of existence)'에서 사슬(chain)은 중요한 비유로서, 작품에서 여러 모습으로 변형되어 나타난다. 사슬은 사랑이 중심이 된 인간의 상호관계, 화자와 청자 사이의 관계, 즉 언어를 통해서 설립된 관계들을 나타낸다. 사슬은 소위 라캉이 말하는 욕망의 매개 수단으로서의 언어, 의미를 만들어가는 과정의 언어 사슬을 닮아 있다고 브룩스는 지적한다(pp.202-203).

즉, 괴물이 프랑켄슈타인과 대적하는 장면과 괴물의 이야기 속에서 라캉의 상상계와 상징계 사이의 구분을 탐지해낼 수 있다. 특히 텍스트는 상상계가 상징계에 의해 억압되는 방식을 강조하고 있다. 다시 말해 괴물의 육체는 억압의 상징이며, 괴물이 거울에 비친 자신의 이미지를 보는 것에서 상상계의 영역에서 상징계로 진입하기 어렵다는 사실을 알 수 있다. 거울에 비친 것이 자신임을 믿을 수 없었다는 말에서 알 수 있듯이 괴물의 거울 이미지는 자신에게도 생소한 것이다. 괴물은 자신의 외모를 언어로 대치시키려는 시도를 하며 한편으론 가족, 동료를 갈구한다. 이처럼 자신도 다른 인간과 마찬가지로 상상계에서 상징계로 진입하려고 노력한다.

괴물은 이러한 노력의 일환으로 언어를 배우고 사용하지만 실제 언어의 영역에 진입하지 못하고 가장자리 영역에 머물고 있다. 가정의 영역에 편입되는 사피에 달리 괴물의 경우 사람들이 괴물의 언어를 인정하지 않고 외관만 보기 때문에 상징계로 진입할 수 없다. 즉, 괴물은 언어를 배우긴 하지만 언어로 상징되는 사회구성체에 진입할 수 없다.

길버트와 구바나 모어즈는 괴물의 이러한 상황이 마치 남성들의 대화에 참여하지 못하고, 이를 엿듣는 당시 여성의 위치와 유사하다고 본다. 라캉 이론에서 볼 수 있는 여성의 상황과 괴물의 상황은 비슷한 점이 많다. 즉, 언어의 속성에 의해 소외된 것이 여성의 존재이다. 여성은 언어의 과정에 의해 성적 정체성이 주어지지만, 부권의 법칙 중심인 상징계 또는 언어로부터 소외되어 있다. 따라서 괴물은 서구 문화에서 남성으로부터 이름이 주어지지만, 이름 없는 존재로 남아 있는 여성의 상황을 보여준다고 할 수 있다.

아울러 괴물은 창조주인 프랑켄슈타인과 서로 분리될 수 없는 존재의 의미를 지닌다. 탄생 이후의 대면과 괴물과 프랑켄슈타인이 서로 추적하는 과정에서 상호 파괴적 힘이 되어 해결되지 않는 대립항이 된다. 대립의 상상적 과정이 소설 전체를 차지하게 되며, 이야기 속의 이야기, 거울 속의 거울 같은 구조를 낳게 된다. 이러한 과정은 마치 라캉의 욕망 이론에서 볼 수 있는 지속적인 욕망 구조와 유사한 점을 느끼게 해준다.

브룩스의 말대로 괴물의 욕망은 라캉적인 욕망의 논리와 의미화 과정의 사슬 속에 있기 때문에, 괴물의 욕망은 궁극적으로 종착점 없이 지속된다고 볼 수 있다. 실제 괴물의 진술된 욕망의 대상은 자신과 비슷한 존재인 여성 괴물이다. 그러나 이러한 욕망은 달성되지 못하고 마는데, 괴물의 요구는 달성 불가능한 환상적 만족을 위한 욕구로 다시 독자를 인도한다. 즉, 『프랑켄슈타인』의 결말 부분에서 괴물이 명확하게 불더미 속에서 소멸되지 않고 어둠 속으로 사라지는 설정은 궁극적으로 괴물의 욕망이 지속적이며, 이를 읽어내는 독자의 욕망도 지속되는 구조임을 보여준다. 이는 라캉의 욕망 이론을 연상시켜주는 면이 있으며, 탈구조주의에서 주장하는 의미화 과정의 불확정성과도 통하는 면이 있다.

영미 문화와 『프랑켄슈타인』

영미 문화권에서 메리 셸리의 생명창조 이야기는 중요한 의미를 지닌다. 『프랑켄슈타인』은 인성이나 남녀 역할, 교육을 중심으로 한 당시 문화의 성격을 보여주고 있다. 인성과 관련된 부분은, 특히 텍스트의 고딕적 성격과 연관되어 당시 영국의 문화적 관심을 엿볼 수 있게 한다.

『프랑켄슈타인』은 고딕 장르의 대명사가 되기도 하였는데, 고닉소설은 1760년에서 1820년까지 성행하였던 장르이다. 고딕소설의 융성은 대중문학의 새로운 형태 발전과 연관되며 고딕소설의 성행은 인간 본성이나 한계, 교육 등에 관련된 당대의 문화적 관심을 보여 준다. 고딕소설에서 볼 수 있는 범죄와 연루된 어두운 요소 등은 이성이나 도덕, 종교와 같은 기준을 전복시키는 면모를 담고 있다. 이성의 해방을 통해 억압된 감성을 그리는 것이나 심리에 대한 통찰을 담고 있어 고딕소설은 사회질서에 위협적인 성격을 지닌 것으로 간주되었다. 보수적인 감상적 고딕소설(sentimental gothic novel)만이 위험이 없는 것으로 생각되었다. 당시 고딕소설의 위험한 영향에 대해서는 늘 우려의 목소리가 있었다.

『프랑켄슈타인』은 고딕적 요소를 지니고 있는데, 괴물의 범죄라기보다 프랑켄슈타인 자신의 범죄 이야기이다. 이러한 프랑켄슈타인의 범죄는 당시 중산계급 과학자의 일탈로 간주될 수 있다. 또한 괴물의 존재는 당시 하층계급에 대한 관점, 즉 통제하기 힘든 대상이라는 관점을 상기시켜준다.

리 헬러(Lee E. Heller)에 따르면, 특히 셸리가 저술하던 무렵의 문화적 맥락에서 중요한 것은 인간 본성과 교육에 대한 이해였다. 존 로크(John Locke)는 『인간 이해에 관한 에세이』에서 인성이 타고나는 것이 아니라, 교육에 의해 형성되는 것이라는 견해를 폈다. 그런데 여성과 노동자들은 정식 교육 대상에서 전통적으로 제외되어 있고, 이들이 공교육이 아닌 개인적인 독서로 해악을 입을 수도 있다는 생각이 팽배했다.

해너 모어(Hanna More)처럼 교육의 힘을 인정하긴 하지만 보수적인 성향을 지닌 사람은 새로운 독자들을 대상으로 철저하고 엄격한 가치관과 행동 기준을 정하는 책자를 내기도 하였다. 해너 같은 보수주의자들은 노동자나 여성들, 어린 아이들에게 급진적이고 개혁적인 성향이 퍼져나가는 것을 우려하였다.

『프랑켄슈타인』의 초기 평들은 인성의 형성과 독서의 역할에 대한 당시 문화적 관심이라는 맥락을 중시하고 있다. 즉, 『프랑켄슈타인』은 인성과 문화적 가치들을 제대로 형성하기 위해 인간의 체험을 통제하고 조절할 수 있다고 생각한 당시의 문화적 맥락을 반영하고 있다. 셸리는 작품에서 인성의 형성과 독서, 교육 간의 복합적인 관계를 추적하고 있다. 이러한 문화적 맥락을 통해 계급과 젠더 문제를 구체적으로 제시하고 있기도 하다.

텍스트는 반복해서 개인이 교육이나 환경에 의해 형성되는 과정을 묘사한다. 특히 당시의 문화적 관점을 반영하여 여성이 어떻게 형성되는가를 프랑켄슈타인의 어머니인 캐롤라인 보포트를 통해서 제시한다. 즉, 캐롤라인을 통해서 여성의 덕성이 어떻게 형성되는가를 구체적으로 제시하며, 1831년 판에서는 캐롤라인의 덕성들이 엘리자베스라는 인물을 통해 어떻게 재생되는가를 보여준다. 엘리자베스를 통해 적절한 중산층의 가치관들이 어떻게 구현되는가, 그녀가 딸이자 누이동생으로, 친구로, 장래의 신부감으로 완벽한 가정적 여성이 되는 경우를 그려낸다.

저스틴 모리츠도 캐롤라인을 모범으로 삼아 자신의 행동규범을 익힌다. 캐롤라인과 엘리자베스처럼 저스틴은 여성이 계급적으로 상향 조정될 수 있는 유동성을 보여준다. 저스틴이 하층계급이지만 태도가 더 세련되고 도덕적임을 설명하는 텍스트의 부분에서 제네바의 계급 유동성을 볼 수 있다. 이러한 유동성은 결혼을 통해 여성에게 주어지는 것처럼 보인다. 이상적 여성성은 중산층의 가치관에 맞춘 것이며 중산층 가정적 덕성이 여성 교육에 가장 적절한 것임이 제시되고 있다.

그러나 작품에서 이러한 여성 인물들의 교육보다는 남성 인물들의 교육이 작품의 핵이 되고 있다. 월턴과 프랑켄슈타인의 교육이 중심이 되고, 클러벌의 교육도 부수적으로 소개된다. 또한 이들의 교육은 여성의 경우와는 달리 인류에 봉사하는 목적으로 설정되어 있다. 각 이야기의 화자는 어린 시절자신의 교육에 대해 열심히 이야기한다.

월턴은 독학 과정을 상세히 소개하며, 이러한 독학 과정에 의해 자신이 어떻게 형성되었는가를 말한다. 그는 자신의 문제점을 자신이 독학했던 사실에서 찾아내고 있다. 그는 열네 살이 될 때까지 마음껏 놀았고, 삼촌이 가지고 있던 항해에 관한 책밖에 읽지 못했다. 열네 살이 되어서 시를 읽었고, 외국어를 익힐 필요성을 자각한다. 지금 스물여덟 살이지만 자신이 열다섯 살 남학생들보다 무지한 상태임을 술회하고 있다. 이들보다 더 원대한 상상을 하는 건 사실이지만 이 상상을 조절해 줄 분별력과 애정을 지닌 친구가 필요하다고 고백한다.

프랑켄슈타인도 아버지의 서재에서 탐독한 책들, 중세의 과학에 관한 책들을 통해 얻은 지식과 잉골슈타트 대학에서 받은 근대 과학교육에 대해서 이야기한다. 특히 프랑켄슈타인은 가정에서 어렸을 적 아버지에게 받은 교육에 대해 언급한다.

프랑켄슈타인은 자연철학에 관심이 많았고, 이 관심이 제대로 방향을 찾지 못한 계기를 상세히 이야기한다. 열세 살 때 가족 모두 온천으로 놀러갔을 때 날씨 때문에 종일 숙소에 머물던 날 우연히 코넬리우스 아그리파(15세기의 신비철학자)의 이론에 매료된다. 이 책에 펼쳐진 이론에 열광하여 아버지에게 달려가 발견한 사실을 전한다. 그러나 아버지는 그 책이 쓰레기라고 지적하면서, 그런 책을 보는 데 시간을 낭비하지 말라고 충고한다.

프랑켄슈타인은 이때를 회상하면서 아버지가 더 상세히 고대 과학의 체계가 공상적이고, 근대 과학은 실질적이라는 점 때문에 아그리파의 원리가 파기되고, 근대 과학이 들어서게 되었다고 설명해 주셨더라면 자신이 아그리파를 보지 않고, 이전에 공부했던 과학으로 되돌아가서 더 열심히 공부했으리라고 말한다.

아버지의 말을 거역하고 프랑켄슈타인은 더 열심히 아그리파의 전집과 파라켈수스(15세기 스위스의 의사이자 연금술사), 알브레투스 마그누스(12세기 신학자이자 자연철학자)의 전집을 구해 읽으며, 공상의 세계에 빠져들게 된다. 자연의 비밀을 꿰뚫어보려는 강렬한 열망이 방향을 잘못 잡은 것이다.

월턴과 프랑켄슈타인은 다 아버지의 말을 듣지 않으며, 오히려 당시에 위험한 것으로 간주되었던 루소식 교육의 행동 방식을 추구한다. 이처럼 주된 남성 인물들의 인간성의 형성 과정에서 녹서의 역할이 어떠했는가는 당시의 인간성 형성과 이해에 관한 문화적 관심사들을 보여준다.

월턴이나 프랑켄슈타인과 마찬가지로 괴물의 이야기에서도 괴물의 독서와 체험, 괴물이 지니게 된 본성의 복합적인 상호작용을 볼 수 있다. 즉, 괴물의 경우에도 교육의 문제는 중요한 비중을 지닌다. 괴물은 독학으로 말과 글을 깨치고 괴테의 『젊은 베르테르의 슬픔』『플루타르크 영웅전』, 밀턴의 『실낙원』을 읽는다.

책들은 괴물의 마음속에 새로운 이미지와 감성들을 자아낸다. 때로는 황홀할 정도로 정신을 고양시키기도 하고, 한없는 슬픔을 자아내기도 한다.『젊은 베르테르의 슬픔』에서는 순수하고 애처로운 인간의 감정을 배우며 자신이 미처 생각하지 못했던 수많은 시각들이 제시되어 있어 끊임없이 생각하는 법을 배운다. 다정한 마음과 고상한 정서가 합쳐진 가정적인 태도를 보게 된다. 이는 드 레이시 가족을 보고, 자신이 소망했던 우애감과도 일치한다. 베르테르를 고상한 존재로 읽어내지만 그의 자살과 죽음에 대해서 곰곰이 생각하다가 마음이 기울기도 한다. 주인공의 죽음에 눈물을 흘리기도 한다.

그러나 이 책을 읽으면서 자신이 책에 나오는 이들의 처지와도 다르다는 것을 알게 된다. 자신은 정신적으로 제대로 형성되지 않은 상태인데다 의지할 사람이 없다. 그는 죽어도 슬퍼해 줄 이 하나 없다는 것을 깨닫는다. 즉, 자신이 누구인가 어디서 와서 어디로 가는 것인지에 대한 의문을 품게 된다.

『플루타르크 영웅전』에서는 『젊은 베르테르의 슬픔』에서와는 달리 고상한 사상들을 배운다. 과거의 영웅들을 존경하고 사랑하게 되며 왕국과 넓은 국토, 거대한 강, 바다에 대해 어렴풋이 알고 있었던 것을 구체적으로 책을 통해 접하게 된다. 통치의 개념도 어렴풋이 알게 된다. 이를 읽으면서 선에 대한 크나큰 갈망과 악에 대한 혐오감이 생겨난다. 이러한 기분에 입각하여 로몰루스와 테세우스보다 누마와 솔론, 니쿠르구스 같이 평화를 애호하는 입법자들을 존경하게 된다.

『실낙원』은 괴물에게 가장 깊은 감정을 불러일으킨다. 그는 이를 처음엔 역사책으로 생각하고 읽었는데, 신이 피조물들과 싸우는 장면은 마음속에 경탄의 감정을 불러일으킨다. 또한 자신의 처지를 비추게 하는 이야기로 아담의 창조를 읽게 된다. 아담과 마찬가지로 자신 역시 분명히 다른 존재와 아무런 연관관계를 맺고 있지 않았으나, 그의 처지는 창조주의 특별한 보살핌을 받으며 행복하게 살고, 자신보다 우월한 존재들과 대화하고 지식을 얻을 수 있는 데 반해 자신은 비참하고 무력하고 홀로 있음을 자각하게 된다. 사탄이 오히려 자신의 처지를 더 잘 반영해주는 존재라는 생각을 한다.

이처럼 괴물의 교육은 괴물에게 논리와 지성의 힘을 부여해주고 감성의 면에서도 사랑을 갈구하도록 만들어 준다. 당시 인성과 교육의 관계를 이같이 여러 인물의 경우를 통해 구체적으로 제시하여 보여주는 점에서『프랑켄슈타인』은 19세기 초반부의 영국의 문화적 관심사나 맥락을 잘 보여주고 있다.

그러나 영미 문화와 관련하여 가장 잘 알려진 '프랑켄슈타인'은 메리 셸리의 소설이 아니라, 1931년 판 유니버설 스튜디오가 제작한 제임스 훼일 감독의 영화이다. 괴물은 원시적 힘과 감정을 지닌 짐승 같은 존재로 단순화되어 있고, 프랑켄슈타인은 오만한 과학자로 각색되어 단순화되어 있다. 이러한 변형은 19세기 초 영국의 문화적 관심사와 20세기 초반 영미 문화의 관심사가 다르기 때문이라고 볼 수 있다.

원작 소설의 자전적 교육담 대신에 이 영화는 첫 장면부터 범죄의 분위기가 지배적이다. 프랑켄슈타인의 이름이 헨리로 바뀌어서 나오며 프리쯔(Fritz)라는 곱추 조수가 등장하여 시체를 훔치려 한다. 훔친 시신의 뇌도 좋은 두뇌와 나쁜 두뇌로 분류되고 나쁜 뇌만 이식을 하는 것으로 설정되어 있다. 프랑켄슈타인은 악화된 이미지로 재생되며, 이는 인성에 대한 문화적 개념들이 변화된 것을 보여준다.

원작에서 강조된 프랑켄슈타인이 받은 교육도 생략되어 있다. 미친 과학자의 이미지가 부각되면서 인간의 생명 창조력,

기술, 양심 등은 통제를 벗어난 괴물성에 의해 파괴된다. 제1차 세계대전의 현실, 공황 등으로 인한 인간의 무력감, 전례를 찾아볼 수 없는 인간의 야수성, 인종주의 이데올로기 등의 문화적 배경이 영화에 반영된 것으로 보인다. 1931년에 나온 이 영화에서는 당시의 심오한 문화적 관심사, 즉, 인간이 지닌 범죄성에 대한 근심을 볼 수 있다.

인간성의 재현 과정에서 세기에 따라 변화하는 문화적 맥락을 무시하고는 『프랑켄슈타인』의 의미를 제대로 읽어 낼수 없다. 19세기 원작 소설이 지니고 있는 고딕의 유형에서새로운 독자층의 탄생, 글을 읽을 수 있는 새로운 힘을 지닌독자들이 야기할 수 있는 무질서에 대해 걱정하는 문화적 측면을 읽을 수 있다.

20세기 '프랑켄슈타인'의 의미는 인성 이데올로기에 입각하여 통제할 수 없는 광기와 범죄성에 대한 공포를 반영하고있다. 『종의 기원』의 발행과 새로운 심리학의 발전은 『프랑켄슈타인』의 의미를 다시 짚어보게 하고, 젠더나 계급, 인종의개념이 첨가되어 '프랑켄슈타인'의 재생산에 새 의미층들이첨부되어 가고 있다.

이처럼 시대별 영미 문화의 관심사들이 『프랑켄슈타인』의재생산에 다양하게 반영되어 있다. 다시 말해 『프랑켄슈타인』이야기의 재해석은 시대별·지역별 문화의 차이들을 보여주고있는 것이다. 특히 21세기에 들어서면서 급속히 성장하고 있는 생명 과학과 연관된 문화 산업에서 '프랑켄슈타인'의 의미는 더욱 다양성을 지니게 된다.

괴물성(怪物性)이란?

『프랑켄슈타인』에 대한 다양한 접근법에서 가장 핵심이 되는 존재는 무엇보다도 괴물이라고 할 수 있다. 프랑켄슈타인이 만들어낸 이 인조인간은 이름도 없이 '창조물(creature)'이지만, '괴물(monster), 악마(demon), 악귀(fiend)'라는 명칭을 갖는다. 이 창조물은 항상 핍박받고 소외되는 대상이며, 지배 이데올로기와 정상인의 기준에서 바라볼 때, 주변인의 위치에 있는 모든 비정상인의 상징이라고 할 수 있다.

그런데 이러한 괴물이 어떻게 텍스트 한 가운데 가장 중요한 위치를 차지하고 있으며, 무려 여섯 장에 걸쳐서 프랑켄슈타인의 화술을 능가하는 논리적인 설득력을 발휘할 수 있는 이성적인 존재로 그려질 수 있는가라는 독자의 의문을 자아낸다. 실제로 괴물 자신에 대한 이야기는 소설 한 가운데 위치하고 있어 전체 텍스트의 의미 구조 가운데 가장 중요한 역할을 하고 있다.

괴물의 기형적이고 끔찍한 몸과 설득력 있는 언변의 대립은 주목할 만하다. 괴물의 기형적인 외모는 지속적으로 강조되면서 주변에서 고립될 수밖에 없는 현실을 보여준다. 괴물의 육체는 외관상 정상을 벗어난 범주이다. 재료 자체도 혐오스럽지만 인간보다 엄청나게 큰 체구, 꿰맨 자국들, 근육과 혈관을 거의 덮지도 못하는 상태의 피부, 그로테스크한 느낌을 주는 입술과 머리카락은 혐오스러운 합성의 결과를 적나라하게 보여준다.

괴물은 끔찍한 외모 때문에 사람들의 눈에 띄는 순간 가차 없이 멸시와 홀대를 받는다. 눈에 보이는 것만으로 판단하는 편협한 인간 사회에서 괴물은 도저히 인정받을 수 없는 비정상적인 존재인 것이다. 또한 괴물은 자신이 익힌 언어와 문자를 도구로, 눈에 보이는 것만을 판단 기준으로 삼는 인간 사회에 대해 나름대로 인간관을 갖게 된다.

이외에도 괴물은 『젊은 베르테르의 슬픔』이나 『플루타르크 영웅전』, 『실낙원』 등을 읽음으로써 인간이 지닌 감성이나 창조주와 인간의 관계, 인간의 역사 등에 대해 알게 되었고, 프랑켄슈타인의 창조 일지를 읽고 난 이후에는, 자신이 공동체 어디에도 속할 수 없다는 사실을 깨닫게 된다. 더 나아가 괴물은 인간의 역사를 알고 난 후에 인간 사회에 대해 나름의 비판을 가하기도 한다.

> 인간들이 제일 귀하게 여기는 건 높은 신분과 많은 재산이 결합된 것임을 알게 되었소 이중 하나만 있어도 존경을 받을 수 있습니다. 그러나 둘 다 없으면, 예외적인 경우를 제외하고는 거지나 노예 대접을 받으며 선택받은 소수의 이익을 위해서 자신의 능력을 허비할 운명에 처하게 되지요(1818년판, p.80).

괴물은 신분이 천하고 재산이 없는 사람들의 상대적인 박탈감과 소외감에 대해 정확히 이해하고 있다. 이는 독자로 하여금 어쩌면 자신들이 괴물과 마찬가지로 그 어디에도 소속될 수 없는 처지임을 상기시키는 기능을 한다. 또한 자신이 누구인가 하는 의문과 연결되어 독자에게 지속적으로 괴물의 정체성에 대한 의문을 가지도록 유도한다.

괴물은 자기의 정체성에 대해 고민하고 갈등하며, 자신의 처지에 대한 비감을 표현하는 모순이법(oxymoron)을 자유로이 다루고 이해할 수 있을 정도로 뛰어난 수사를 구사한다. 끔찍할 정도로 기형적인 몸과 고귀한 논리에 입각한 언변을 대조해볼 때, 괴물의 이야기를 듣는 사람들은 말과 외모 사이의 모순을 느낄 수밖에 없다.

괴물은 『실락원』에 등장하는 사탄의 처지와 자신의 처지를 비교하여 자신의 소외감을 전달할 정도로 뛰어난 웅변술을 보인다.

나 역시 아담처럼 세상에 존재하는 어떠한 피조물과도 연결되어 있지 않았습니다. 그러나 여러 면에서 우리는 달랐습니다. 아담은 신의 손에 의해 완벽한 피조물로 태어났고 창조주의 각별한 보호 아래 행복과 번성을 누렸던 것입니다. 아담은 우월한 존재들과 대화를 나누고, 그들로부터 지식도 전수받을 수도 있었지만, 난 홀로 비참하게 버림받은 무력한 존재였습니다. 여러 번 나는 지금 내가 처한 상황을 더 상징적으로 보여주는 건 사탄이라고 생각했습니다(1818년판, p.87).

이러한 괴물의 생각은 철저하게 독학을 통해 이루어진 것이다. 실제로 괴물은 독학 과정을 거쳐 마치 작가와 같은 존재로 변신하여, 자신의 창조주인 프랑켄슈타인을 압도하고 있다. 언어는 괴물에게 주요한 구원의 가능성이며, 괴물은 언어 문제가 인간의 상호관계에서 가장 중요한 도구임을 자신의 체험을 통해 알고 있다.

난 그 사람들이 자신들의 체험과 감정을 음절이 있는 소리에 의해 전달하는 방식을 지니고 있다는 걸 발견하였습니다. 난 그들이 말하는 단어들이 듣는 사람들의 얼굴에 때때로 기쁨이나 고통, 미소나 슬픔을 자아낸다는 사실을 알게 되었습니다. 이것이야말로 신과 같은 과학이며 나는 열렬히 그것을 익히기 원하였습니다(1818년판, p.75).

언어의 원리와 속성을 깨달은 괴물은 이처럼 언어를 타인과의 관계를 연결시켜 주는 도구로 인식한다. 즉, 괴물은 언어를 자신과 타인과의 관계를 위한 도구이자 자신이 소외되었다고 느끼는 '존재와 사건의 사슬(chain of existence and events)'에 참여 가능케 해주는 수단으로 인식한다. 존재와 사건의 사슬이야말로 괴물이 속하고 싶은 인간 공동체의 구조를 설명해주는 표현이다. 괴물은 서로 정을 누리고 공감할 수 있는 그런

공동체를 갈구하는 것이다.

괴물에게는 말과 글이야말로 자신의 외모에 대한 사람들의 혐오감을 없애고, 자신과 다른 사람들의 관계를 설정해주는 수단이 된다. 왜냐하면 웅덩이에 비친 자신의 모습은 바람직한 욕망의 대상이 되지 못하며 완전한 절망감을 안겨주기 때문이다. 괴물은 언어만이 자신의 구원을 이루어주는 것으로 여기며 언어를 배우는 데 몰두한다. 말과 글을 동시에 습득하는 과정에서 드 레이시 가족을 찾아온 사피보다 자신이 더 말을 빨리 배운다는 사실을 자랑스러워 할 정도로 이 과정은 괴물에게 큰 의미를 지닌다.

괴물은 자신이 '신과 같은 과학'이리고 지칭한 말과 글을 수단으로 하여 공동체에 합류하기를 원한다. 이것이 존재의 사슬로 연결시켜 주는 수단이라고 생각한다. 결국 괴물의 말들은 프랑켄슈타인에게 부모로서의 역할을 상기시키는 효과를 발휘한다.

프랑켄슈타인은 처음으로 창조주가 자신의 피조물에 대해 어떠한 의무를 져야하는 지를 느끼게 된다. 그는 괴물의 외관에는 여전히 역겨움을 느끼지만 이상한 동정심을 갖게 되며, 괴물은 프랑켄슈타인에게 자신의 고립된 처지에 대해 논리적으로 토로하며 여성 괴물의 창조를 강요한다.

나의 악덕은 내가 혐오하는 강요된 고독의 산물이며 나
의 미덕은 나와 동등한 존재와 교감하며 살 때, 필연적으로 생겨날 거요. 난 감수성을 지닌 존재의 애정을 느끼게 될 거고, 지금 내가 소외되어 있는 존재와 사건들의 사슬에 연결될 겁니다(1818년판, p.100).

여기서 사슬은 중요한 비유로서 작품에서 여러 모습으로 변형되어 나타난다. 사슬은 사랑이 중심이 된 인간의 상호관계와 화자와 청자의 관계, 즉 언어를 통해서 형성된 상호관계를 나타낸다. 따라서 괴물의 이야기에서 자신을 언어로 재정의하고자 하는 시도와 이러한 재정의를 통해 인간의 공동체에 합류하고 싶은 욕망을 볼 수 있다.

괴물의 정신과 육체의 흔적은 포착할 수 없고 가둘 수 없는 욕망의 산물로 간주되는 경우가 많다. 특히 정신분석학과 탈구조주의의 관점에서 괴물의 욕망은 만족되지 못하고, 지속적으로 진행되는 실체로 규명되기도 한다. 궁극적으로 텍스트를 읽는 독자에게도 괴물의 욕망은 연속적으로 진행되는 움직임이다. 이러한 움직임은 작품의 마지막에도 연속적으로 진행될 수 있으리라 암시된다. 즉, 괴물은 자신이 불길에 싸여 사라질 것이라고 말한다. 원작에서 이 부분은 미래 시제로 설정되어 있어 괴물의 죽음은 확실치 않다.

브룩스는 괴물이 남성으로 창조되었지만, 실제로는 당시 여성들이 처해 있던 현실적인 상황을 상징적으로 표현한 것일지도 모른다는 페미니즘적인 질문을 던지고 있다(p.218). 브룩스는 괴물의 추한 몸이 당시 여성의 몸에 대한 생각들을 반영해

주는 것으로 본다. 즉, 여성을 남성의 시각적인 대상으로 보는 당시의 성과 문화 코드를 전복하려는 메리 셸리의 시도를 작품에서 읽어낼 수 있다는 것이다. 또한 괴물의 시도는 정의하고 분류하려는 기존의 남성적 힘을 해체하려는 노력, 해체한 자리에 대화적 언어로 창조된 애정의 가능성을 밀어 넣고자 하는 노력을 보여준다고 지적한다(p.219).

괴물은 남성적 실체로 상정된 듯하고, 프랑켄슈타인도 남성이시만, 결국 괴물의 존재는 여성의 의미를 더 많이 함축하고 있는 듯하다. 괴물이 여성 괴물을 동반자로 요구하는 장면도 성적인 욕망에서 유래하기보다 인간이 누리는 공동체에 대한 욕망에서 기인한 것이다.

괴물이 성적으로 기능할 기회는 결코 없다. 또한 괴물은 여성 괴물의 창조를 요구하지만, 그렇다고 괴물이 남성이라는 사실을 확인할 수 있는 신체 부분도 결코 나오지 않는다. 이러한 문화적 침묵은 괴물의 정의 문제에 더욱 모호함을 더해준다. 이러한 성적인 모호성은 사회적으로 규정된 남녀의 성 역할에 도전하는 의미도 지닌 것이다.

프랑켄슈타인과 문화산업

'프랑켄슈타인' 산업의 역사

메리 셸리의 소설은 책이 출판된 이후, 연극의 극본으로 각색되면서부터 영화나 TV 드라마, 팝송, 동화, 만화, 인형 제작 등 다양한 문화 형식으로 변형되어 '프랑켄슈타인' 산업을 이루어 왔다. 『프랑켄슈타인』 초판에 담겨 있는 급진적인 요소는 1831년 개정판에서 많이 삭제되었으며, 대부분의 각색 연극이나 영화도 원작이 담고 있는 정치성이나 급진적인 요소를 많이 삭제하여 단순하게 바꾸었다.

대부분의 『프랑켄슈타인』 각색 장르에서 괴물은 단지 흥미를 주는 볼거리이거나 아니면 없어져야 할 대상으로 설정되어

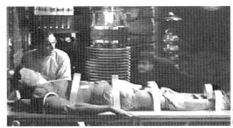
영화「프랑켄슈타인 (1931)」.

있다. 원작에서 괴물은 언변이 뛰어나 독자들의 공감을 불러 일으킬만한 존재로 묘사된 데 비해, 대부분의 연극이나 영화 에서는 언어 능력이 없는 것으로 재현되었다. 괴상한 외모에 초인적인 힘을 가진 괴물의 존재는 대다수 영화나 연극, 만화 등에서 원작의 괴물이 지닌 복합적인 함의를 살리지 못하고, 하나의 고정된 캐릭터로 굳어진 경우가 많다.

1931년 유니버설 스튜디오의 영화, 제임즈 훼일의「프랑켄 슈타인」이 본격적인 영화 제작의 시작이라 할 수 있다. 이 영 화에서는 꼽추 조수의 실수로 괴물이 비정상적인 뇌를 갖게 된다. 영화에서 괴물의 역을 맡은 보리스 칼로프(Boris Karloff) 의 열연으로 인해 보리스 칼로프는 '프랑켄슈타인'이라는 이 름과 동일시되었다.

이 영화는 『프랑켄슈타인』 원작과 많이 다르지만, 괴물의 원형적 이미지를 제공한 셈이 되었다. 즉, 괴물 신화의 원조가 되었고, 다음에 나오는 영화들도 창조자보다는 괴물에 초점이 두어지게 된다. 그리하여 '프랑켄슈타인'은 괴물의 대명사가 되었다. 대부분의 영화에서 괴물의 인간적 특징이 부각되기보다는 살인기계 정도로 묘사되었다.

1957년 영국의 해머사에서 만든 「프랑켄슈타인의 저주」에서는 미친 과학자의 모티브가 첨가되었으며, 이 영화를 필두로 1950년대와 1960년대에 영국의 해머사에서 시리즈로 만든 영화에서 중심 인물은 프랑켄슈타인이 되었다. 미친 과학자의 모티브를 활용한 영화 계열이 탄생된 것이다. 미친 과학자는 현재까지 다양한 모습으로 영상화되면서 관객의 흥미를 끄는 요소가 되어 왔다.

이러한 계열의 영화에서 과학자는 인류를 위해서 일하지만 생명 창조의 윤리성 때문에 죄의식을 느끼는 과학자가 아니라 잔혹한 악한의 이미지로 재생된다. 즉, 자신의 실험을 계속하기 위해 어떤 짓도 마다 않는 잔혹한 악한의 이미지로 영상화되고 있다. 이 프랑켄슈타인은 자신이 만든 창조물들을 죽이고 속이고 강간하며 마치 없애버릴 수 있는 물건처럼 취급한

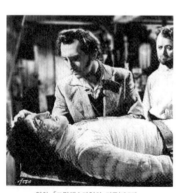

영화 「프랑켄슈타인의 저주(1957)」.

다. 유니버설 스튜디오나 해머사의 두 영화는 공포 영화로 제작되면서 괴물의 죽음을 통해 당시 사회의 불안감이나 불안정한 요소를 해소하고자 하였던 것이다.

1970년부터 1990년대에 이르기까지도 수많은

프랑켄슈타인 산업이 지속되었다. 1970년에 멜 브룩스의 「영 프랑켄슈타인 Young Frankenstein」은 보리스 칼로프의 패러디 영화이며, 성적인 요소를 가미한 뮤지컬 「로키 호러 픽쳐 쇼 the Rocky Horror Picture show」 등이 대표적인 프랑켄슈타인 신화의 재생이라고 볼 수 있다. 1990년대에 로저 코먼(Roger Coman)의 「프랑켄슈타인 언바운드 Frankenstein Unbound」는 사실과 허구를 혼합하여, 21세기의 프랑켄슈타인이 진짜 작가와 프랑켄슈타인을 만나러 과거로 되돌아가는 구조를 취하고 있다. 이어 나온 케너스 브래너의 영화 「메리 셸리의 프랑켄슈타인」은 플롯을 약간 변형하긴 했지만 메리 셸리의 원작에 충실하고자 한 영화로 볼 수 있다.

이외에도 '프랑켄슈타인'에서 유래된 합성된 인간과 생명 창조의 모티브는 지속적으로 SF 영화나 공포 영화에서 계속되고 있다. TV 시리즈인 「스타 트렉: 넥스트 제너레이션 Star Treck: Next Generation」이나 리들리 스콧(Ridley Scott)의 「블레이드 러너 Blade Runner」 같은 작품에서도 이러한 모티브를 뚜렷이 감지해 낼 수 있다. 또한 이러한 모티브는 영화 기술의 발달과 함께 점차 더 다양한 양식으로 전개되고 있다.

<대표적인 '프랑켄슈타인' 영화 목록>

「프랑켄슈타인 Frankenstein」, 1931.
「프랑켄슈타인의 신부 Bride of Frankenstein」, 1935.

「프랑켄슈타인의 아들 Son of Frankenstein」, 1939.

「프랑켄슈타인의 유령 Ghost of Frankenstein」, 1942.

「프랑켄슈타인, 늑대인간을 만나다 Frankestein Meets the Wolf Man」, 1943.

「프랑켄슈타인의 집 House of Frankenstein」, 1944.

「애봇과 코스텔로, 프랑켄슈타인을 만나다 Abbot&Costello Meet Frankenstein」, 1948.

「프랑켄슈타인의 저주 Curse of Frankenstein」, 1957.

「프랑켄슈타인의 복수 Revenge of Frankenstein」, 1958.

「프랑켄슈타인의 악 The Evil of Frankenstein」, 1964.

「프랑켄슈타인, 여자를 만들다 Frankenstein Created Woman」, 1967.

「프랑켄슈타인은 제거되어야 한다 Frankenstein Must be Destroyed」, 1969.

「프랑켄슈타인의 공포 Horror of Frankenstein」, 1970.

「프랑켄슈타인과 지옥의 괴물 Frankenstein and the Monster From Hell」, 1974.

「프랑켄슈타인을 위한 육체 Flesh for Frankenstein」, 1974.

「프랑켄슈타인: 진짜 이야기 Frankenstein: The True Story」, 1972.

「어린 프랑켄슈타인 Young Frankenstein」, 1974.

「로키 호러 픽처 쇼 The Rocky Horror Picture Show」, 1975.

「신부 The Bride」, 1985.

「풀려난 프랑켄슈타인 Frankenstein Unbound」, 1990.

「블레이드 러너 Blade Runner」, 1982.

「리애니메이터 Reanimator」, 1985.

「로보캅 Robocop」, 1987.

「스타트렉: 넥스트 제너레이션 Star Trek: Next Generation」,
  1990 1994.

「메리 셸리의 프랑켄슈타인 Mary Shelley's Frankenstein」,
  1994.

「어섯 째날 The 6th Day」, 2000.

「헐크 The Hulk」, 2003.

「반 헬싱 Van Helsing」, 2004, 외 다수.

'프랑켄슈타인' 영화: 「메리 셸리의 프랑켄슈타인」

메리 셸리의 『프랑켄슈타인』은 1930년대 유니버설 필름에
의해 영상화되기 시작하였다. 1950년대와 1960년대에 해머 프
로덕션에 의해, 1970년대에서 1990년대에 이르기까지 다양한
제작진에 의해 영상화되어 왔다. 『프랑켄슈타인』의 영상 재생
산과정에서 '프랑켄슈타인'이라는 이름은 과학기술의 발전과정
에서 인간이 잘못 만들어낸 괴물의 대명사가 되기도 하였다.

영상화 과정에서 '괴물영화(monster movie)'의 특징이 강조
되어 볼거리 위주의 흥미를 자극하는 경우가 많았다. 즉, 원작
에서 재현된 괴물의 복합적인 의미보다는 괴기스러운 외양이
강조되었다. 이러한 괴물의 외양을 강조하는 영화에서는 물론

괴물의 의미가 단순화되어, 괴물은 없애고 제거해야 질서가 회복된다는 메시지를 전달하고 있다. 괴물의 소외나 주변인으로서 겪는 고통을 부각시키기보다는 인간 사회의 안위나 체제 유지에 위협적인 존재로 설정된 경우가 많았다.

원작이 함축하고 있는 남녀의 역할 구분을 중심으로 한 젠더 문제는 구체적으로 다루어지지 못한 경우가 대부분이다. 젠더 문제는 남성 지배와 나르시시즘의 문제로 형상화되는 경우가 많았다. 프랑켄슈타인과 괴물의 관계나 여성 인물들과 연관된 젠더 문제는 삭제되어 다루어졌다. 또한 권력과 젠더, 기술의 문제보다는 남성이 여성의 도움을 빌리지 않고 생명을 탄생시키고 번성시킬 수 있다는 남성 자생의 신화에 초점이 주어진 경우가 많았다.

특히 캐롤라인 피카트(Caroline Picart)에 따르면 『프랑켄슈타인』을 전통 공포물로 각색한 경우, 이야기의 구조는 본질적으로 가부장적이며 처녀성 신화가 핵심을 이룬다고 이야기한다 (2002년판, xii). 즉, 아버지가 아들을 생산하는 것은 여성의 희생과 소멸에 의해 가능해진다는 것이다. 코미디나 패러디적 각색의 경우에는 이러한 남성자생의 신화가 더욱 명백해진다. 특히 이러한 성향이 두드러진 예는 각색소설인 『프랑켄슈타인의 아버지 *Father of Frankenstein*』를 영화화한 「신과 괴물」, 1935년 「프랑켄슈타인의 신부 Bride of Frankenstein」를 들 수 있다.

이 두 영화에서는 동료애에 대한 갈망이 중심 주제인데, 이 주제를 부각시키는 과정에는 동성애적 요소가 포함되어 있다.

이는 메리 셸리의 소설에 나타나 있는 잠재적 남성적 욕망이나 프랑켄슈타인과 월턴의 우정의 가능성에 초점을 둔 것이다. 피카트의 말대로 이러한 영화들은 생명 탄생의 힘을 가진 여성적 힘에 대한 남성의 질투, 자신도 생명 탄생을 이루어낼 수 있다는 남성적 환상을 보여준다(p.3). 이러한 남성 자생 신화의 모티브는 생산력에 관련된 디오니소스(Dionysus) 신화, 창조적 열정과 관련된 프로메테우스(Prometheus) 신화의 모티브와 연결된다.

케네스 브래너가 감독하고 프랑켄슈타인의 역할을 맡았으며 로버트 드 니로(Robert De Niro)가 괴물 역할을 맡은 「메리 셸리의 프랑켄슈타인」은 제목에서 보다시피 원작에 충실하려는 시도를 담은 영화이다. 이 영화는 1994년 만성절에 맞추어 준비되었는데, 기존 프랑켄슈타인류의 영화와 차별성을 두고 제작된 영화로 볼 수 있다. 브래너는 꼽추 조수가 등장하는 류의 영화 전통에서 벗어나, 프랑켄슈타인을 미친 과학자가 아니라, 인류의 진보를 위해 노력하지만 성격적 결함도 지닌 정

영화 「메리 셸리의 프랑켄슈타인」의 괴물(로버트 드 니로).

상적인 인간으로 부각시켰다.

스텝 레이디(Steph Lady), 프랭크 다라본트(Frank Darabont)의 각본은 당대의 시대정신을 반영한 부모의 의무와 과학자의 책임의식이라는 주제를 반영하고 있다. 브래너 자신도 셸리 원작이 담고 있는 다양한 주제들 가운데 부모의 책임이라는 주제를 초점으로 삼았다고 이야기하고 있다(p.8). 브래너는 "셸리의 텍스트의 다양함과 풍성한 의미를 제대로 살리기가 어렵지만, 흥미로운 표면의 이야기와 이야기 아래 깔려 있는 주제들 사이의 연결을 최대한 시도하고 싶었다. 영화를 보면서 스릴을 느끼면서도 '우리는 어떻게 할 것인가'라는 생각의 시발점이 될 수 있는 영화를 만들고 싶었다."고 술회한다(p.29). 즉, 관객들로 하여금 생명에 대한 책임감을 인식하도록 유도하는 데 영화의 제작 의도가 있었던 것이다.

「메리 셸리의 프랑켄슈타인」은 실제로 관습적인 공포 영화의 장면들을 피하려는 의도적 노력이 돋보이며, 18세기와 19세기의 풍속화 같은 화면을 구사하고 있다. 즉, 고전화의 합성 같은 분위기를 화면 전반에 살림으로써 과학영화의 예술성을 도모하고 있다. 화면의 색채는 도발적으로 사용되었고 육체의 부분들을 과감하게 보여주지만 진부한 느낌을 주지 않도록 처리되고 있다.

인물과 사건을 상징적으로 프레임에 넣으려는 카메라의 전략적 사용도 주목해 볼 필요가 있다. 로저 프래트(Roger Pratt)의 촬영 기술은 주요 장면마다 원작의 고딕적 요소를 섬세한 분위기로 전달한다. 즉, 강한 시각적 효과로 원작의 고딕적 요소를 잘 살려내고 있다. 런드키스트(Lundquist)는 공포 영화의 예술성 문제를 제기하면서 브래너의 시도를 높이 산다(p.285). 제임스 버래디넬리(James Beradinelli)도「메리 셸리의 프랑켄슈타인」은 그리스 비극처럼 각색되었다고 지적한다. 단지 앞부분 30분이 너무 빨리 무질서하게 진행되어 깊이가 없다고 아쉬움을 토로했다.

리즈 스미스(Liz Smith)는『뉴스데이 *Newsday*』에서 "브래너와 그의 사단은 이야기에 과학적 무게와 역사적·서사시적 중요성(인간의 운명 등)을 부여했으며, 메리 셸리의 원작에 충실하려고 애썼다."고 평가한다. 이처럼 브래너의「메리 셸리의 프랑켄슈타인」은 다른 '프랑켄슈타인' 영화와 비교하여 원작의 정신과 내용에 충실한 영화이자 예술성을 지닌 과학영화나 공포영화로 평가받아 왔다.

생명 창조 과정: 과학 장치의 재현

브래너의 영화는 다른 영화와 달리 월턴 선장을 초반부와 마지막에 등장시킴으로써 원작의 복합적 서술 구조의 묘미를 살리려는 시도를 보이고 있다. 또한 월턴 선장과 프랑켄슈타인의 외모를 매우 유사하게 설정하여 두 사람의 프로메테우스적 의지가 닮아 있음을 강조한다.

이처럼 영화는 원작의 서술 구조를 살리려 하고 월턴과 프랑켄슈타인의 관계를 제대로 설정하려는 시도를 하고 있지만,

원작의 섬세함은 살리지 못하고 있다. 왜냐하면 결국 프랑켄슈타인의 관점이 지배적인 구조를 취하고 있어, 괴물의 의미보다는 프랑켄슈타인의 정신이 영화를 지배하고 있기 때문이다. 따라서 월턴, 프랑켄슈타인, 괴물의 복합적 서술 구조의 의미는 단순화되었다고 볼 수 있다.

특히 영화 초반에서 중반까지의 절정 장면이라고 볼 수 있는 괴물 창조 과정의 장면에서 프랑켄슈타인은 고상한 열의를 지닌 주인공으로 설정된다. 원작에서 어머니 캐롤라인이 엘리자베스의 성홍열을 간호하다가 죽은 사실이 영화에서는 프랑켄슈타인의 동생을 출산하던 과정 중에 죽은 것으로 대치된 점, 아버지의 직업이 공직자에서 의사로 바뀌어 설정된 점 등은 생명창조의 모티브를 더욱 강렬하게 전달하고자 한 장치이다. 더구나 출산 장면은 관객들의 뇌리에 깊이 남도록 강렬하고도 충격적으로 구성되어 있으며 프랑켄슈타인의 슬픔을 강하게 전달한다.

브래너의 영화는 괴물 창조 과정에서 볼 수 있는 프랑켄슈타인의 고립과 악몽과 같은 상황보다는 창조의 열의나 열기를 강조한다. 특히 프랑켄슈타인의 대학 시절에 카메라가

영화 「메리 셸리의 프랑켄슈타인」의
프랑켄슈타인(케네스 브래너).

각 인물 주변을 계속 맴도는 식으로 처리하여 프랑켄슈타인의 생명 창조에 대한 열의를 조명한다. 영화에서 카메라가 천천히 원을 그리며 돌면서 프랑켄슈타인, 친구 헨리 클러벌, 스승인 발드만 박사를 클로즈업하는 기법을 통해 당대의 과학에 대한 관심과 열의를 전달하고 있다.

당시 과학적 발견의 경이로움을 강조하기 위해 브래너는 원작에 없는 장면을 도입하는데, 발드만 박사의 실험실을 방문한 프랑켄슈타인과 클러벌이 죽은 침팬지의 손에 전기 장치를 통해 생명을 불어넣는 광경을 목격하는 것이다. 갖가지 실험 장비가 즐비한 공간은 영화 관객에게 당시 과학자의 실험실이 어떠한 것인지 보여주는 효과기 있다. 다소 과장되긴 했지만 침팬지의 손에 전류를 통하게 함으로써 클러벌의 손을 꽉 잡는 침팬지의 손, 이 때문에 놀라는 클러벌의 모습, 프랑켄슈타인의 경이에 찬 표정 등을 통해 생명 창조의 가능성을 더 강렬하게 관객에게 부각시킨다.

괴물 창조에 관련된 장치나 과정에 대해 원작에서 특별한 정보를 제공하지 않기 때문에 모든 종류의 상상이 가능하다는 브래너의 설명대로 영화는 괴물 창조의 과정을 매우 극적으로 상세하게 영상으로 재현한다. 과학적 사실주의를 강조하기 위해 영화에서는 직류 전기와 중국 침술, 다빈치의 인체도 등을 동원하여 프랑켄슈타인의 의도나 장치들, 실험들이 역사적·과학적으로 믿을 만하다는 것을 보여준다. 이러한 점에서 브래너의 영화는 SF 영화의 장치들과 주제를 따르고 있다.

영화 「메리 셸리의 프랑켄슈타인」
중 실험실 장면.

　괴물의 육체 원료인 발드만의 뇌와 거지의 신체, 운동 선수의 다리, 산모의 양수 등을 얻는 과정이 구체적으로 상세하게 소개된다. 이러한 창조 과정의 열기는 헨리와 엘리자베스의 등장과 더불어 도시에 콜레라가 돈다는 소식에 의해 주춤해진다. 특히 엘리자베스의 붉은 의상을 통해 프랑켄슈타인의 작업을 중지시키려는 강렬한 이미지를 보이지만 프랑켄슈타인의 열기는 꺾이지 않는다.

　원작에서 생략된 프랑켄슈타인의 실험실 내부와 창조 과정은 매우 섬세하게 영화를 통해 소개된다. 자궁을 연상케 하는 원통 장치, 남성의 성기를 연상케 하는 천정에 매달린 거대한 낙하산, 원통을 연결하는 관 같이 생긴 물체로 구성된 창조 장치는 정교하게 만들어져 있다. 프랑켄슈타인의 작업에 의해 생명이 창조되었지만, 궁극적으로 이 장치의 모양새나 틀은 성적인 의미를 함축하고 있다.

　화면은 매우 섬세하고도 박진감 있게 괴물 창조의 과정을 보여주는데, 프랑켄슈타인의 미칠 듯한 열기는 "살아나라."고 외치는 데서 절정을 이룬다. 런드키스트는 창조되자마자 천정에 매달린 괴물의 모습이 마치 예수와 같은 이미지를 연상시킨다고 지적하면서 창조 장면에서 종교적 의미를 읽어낼 수 있다고 언급한다(p.290).

깨어난 괴물과 프랑켄슈타인의 대면에 대해 브래너는『뉴욕 포스터지 The New York Poster』에서 성경의 관점에서 탄생의 이미지를 생각했다고 술회한다. 벌거벗은 괴물이 양수에 뒤덮여 프랑켄슈타인과 씨름하는 장면은 마치 로렌스(D. H. Lawrence)의『연애하는 여인들 Women in Love』의 씨름 장면과 같다고 언급한다.『연애하는 여인들』에서 로렌스는 남녀 간의 이상적인 연애도 중요하지만, 남자들 간의 우정도 못지않게 중요한 것으로 제시한다. 그러므로 남자 주인공인 버킨(Birkin)이 제랄드(Gerald)와 벌거벗고 씨름하는 장면을 통해 남성들 간의 이상적인 관계를 탐색하고 있는 것이다.

브래너는 로렌스의 소설 장면처럼 프랑켄슈타인과 창조물을 원초적 존재로서 가까이 붙여 놓으려 했다고 이야기한다. 브래너는 프랑켄슈타인의 괴물 창조에 관련된 악몽을 생략하고 괴물의 성 문제도 확연히 설정한다. 생명체가 깨어나는 장면에서 원작과 달리 구체적으로 남성의 성기를 보여줌으로써 창조물이 남성임을 명백히 하고 있다.

원작의 경우 괴물은 설득력 있는 언변과 큰 덩치, 엄청난 힘에서 남성적 면을 볼 수 있다. 아울러 가족을 갈구하며 정을 그리워하는 여성적 감수성을 함께 지니고 있다. 여성 괴물의 창조를 요구할 때도 원작에서는 남성 괴물로서 성적 욕망의 대상을 만들어달라는 것보다는 서로 공감하는 동료를 원하는 점이 강조되어 있다. 영화에서는 괴물이 여성을 요구하는 것은 성적 욕망의 대상으로서 여성을 원하는 것으로 처리되어 있어 괴물의 성을 명백히 남성으로 규정짓고 있다.

영화 속의 여성

원작에서 볼 수 있는 괴물의 창조와 관련된 여성의 의미는 영상화되면서 많이 단순화되었다. 원작에서 어머니 캐롤라인과 프랑켄슈타인, 엘리자베스와 프랑켄슈타인의 관계는 복합적이며 생명 창조를 중심으로 설정되어 있다. 프랑켄슈타인이 괴물을 창조한 뒤 꾸는 악몽에서 어머니와 엘리자베스는 죽음과 관련되어 제시된다. 여성의 죽음을 담보로 남성인 자신이 홀로 생명을 창조한 모티브를 볼 수 있는 것이다.

그러나 영화에서는 이러한 의미보다는 여성의 의미가 남녀 관계에 초점을 둔 삼각관계로 설정되어 있다. 브래너는 엘리자베스의 역할을 원작에서 볼 수 있는 가정의 천사 대신 더 강한 이미지로 만들어 동등한 관계임을 강조하고자 한 것으로 보인다. 이는 페미니즘의 활성화라는 시류에 영합하여 페미니즘적 각색을 시도한 것이다. 또한 원작의 동성애적 요소를 없애고 이성애의 모티브를 강화한 것이다.

영화 초반부에서 여주인공 엘리자베스는 비교적 프랑켄슈

타인과 동등한 존재임이 강조된다. 오히려 프랑켄슈타인보다 더 활발하고 우월한 존재로 묘사된다. 브래너 감독은 엘리자베스를 강하게 만드는 동시에 클러벌을 원작보다 축소시켜서 제시한다. 브래너는 클러벌이 했던 역할, 즉, 프랑켄슈타인의 진정한 정신적 지지자의 역할을 대폭 축소시키고 있다.

브래너 감독은 프랑켄슈타인이 죽음과 광기의 지경에 있을 때 다시 회복시킨 클러벌 대신 엘리자베스에게 그 역할을 부여한다. 그렇게 함으로써 원래 텍스트에서 볼 수 있었던 동성애의 모티브 대신, 클러벌을 희극적 요소를 제공하는 인물로 만든다. 이러한 과정의 각색을 거쳐 엘리자베스를 프랑켄슈타인과 대등한 관계로 구성하고자 하였다.

브래너 감독의 의도대로 엘리자베스의 인물 설정이 강화되어 있고 헬런 본험 카터(Helen Bonham Carter)가 캐스팅되어 표정이나 태도, 말투 등을 통해 열정적인 연기를 보여준다. 대부분의 관객이 엘리자베스의 머리 스타일, 말투, 동작 등에서 강렬한 인상을 받게 된다. 그러나 이러한 부분적 요소보다는 전체적으로 엘리자베스의 역할이 당시 젠더 이데올로기를 그대로 따르고 있음을 볼 수 있다. 즉, 당시 지배 이데올로기인 가정적 영역과 공적 영역의 분리는 그대로 유지되어 있다. 엘리자베스는 프랑켄슈타인과 동등하며 열정적인 기질을 지닌 것으로 묘사되지만, 궁극적으로 그녀의 여성성은 한정된다.

엘리자베스의 역할은 프랑켄슈타인의 어머니인 캐롤라인과 마찬가지로 모성적·수동적이며 결국 프랑켄슈타인을 기다리는 존재로 부각된다. 엘리자베스가 프랑켄슈타인에게 편지를 쓸 때, 카메라는 거의 알아보기 힘들게 줌인하여 기다림과 고요의 무드를 반영하고 있다. 자신의 편지 내용에 있다시피 가정사는 단조로우며 이를 반영하듯이 카메라는 그녀에게 고정되어 거의 멈추고 있다.

그녀의 선택도 궁극적으로 매우 관습적인 것이 될 수밖에 없다. 이를테면 그녀는 저스틴과 윌리엄이 죽은 후 프랑켄슈타인의 이상한 행동에 대해 질문하는데, 프랑켄슈타인의 대답은 엘리자베스의 영역을 잘 보여주고 있다. 프랑켄슈타인은 엘리자베스에게 그녀의 선택이 그녀의 운명이었다고 냉정하게 대답하는데 엘리자베스의 영역은 궁극적으로 프랑켄슈타인의 영역과 완전하게 분리되어 있음을 시사한다.

작품의 또 다른 여성 인물인 저스틴은 다른 영화에서는 거의 존재하지 않는데 비해 브래너의 영화에서는 생생하게 영상화되어 있다. 저스틴은 원작에서는 엘리자베스처럼 윌리엄의 대리모 역할을 하고 있지만 영화에서는 삼각관계의 구성원 역할이 큰 비중을 차지하고 있다. 헨리와 프랑켄슈타인의 동성애적 요소 대신 영화에서는 이성애적 성향이 강조되고 있기 때문이다.

저스틴은 희생양의 이미지로 제시된다. 프랑켄슈타인을 연모하는 그녀는 죽은 후에도 엘리자베스를 조합해내는 원료로 쓰인다. 저스틴의 죽음은 엘리자베스를 삼각관계 구도에서 해방시키지 않고 엘리자베스를 저스틴의 자리로 밀어 넣는 효과를 낸다.

영화에서 저스틴의 어머니인 모리츠 부인(Mrs. Morritz)과 저스틴의 관계도 프랑켄슈타인과 어머니의 관계와 대조를 이루는 효과를 주기 위해 설정되어 있다. 모리츠 부인은 원작에서 저스틴이 어릴 때 죽고 없지만, 영화에서는 살아 있는 인물로 형상화되어 있다. 그녀의 모성은 프랑켄슈타인의 어머니 캐롤라인과 대조적으로 설정되어 있다. 그녀는 생명을 주고 양육하는 데 초점이 두어져 있기보나 냉혹하고 가혹한 말투, 견제의 이미지로 재현된다. 그러므로 죽음이나 가혹함과 연상되는 모성만이 살아남는 것을 암시한다.

프랑켄슈타인과 여성들의 관계는 브래너 감독이 강조한 대등한 남녀관계의 이미지보다는 삼각관계 구도로 영상화된 인상을 준다. 즉, 원작에서 생명 창조와 관련된 여성의 의미는 다소 도식적이고 관습적으로 처리된 것을 볼 수 있다.

괴물의 재현

괴물에게 언어 사용 능력이 무시되고 괴성만 부여되던 다른 '프랑켄슈타인' 영화와는 달리 브래너의 영화에서는 괴물이 언어를 구사하는 능력이 있다. 괴물에게 있어 언어는 세상에서 자신의 위치나 존재 의미를 알리는 주요한 수단이 된다. 브래너는 기존의 영화들에서 재현된 상투적인 괴물의 이미지를 탈피하여 다른 각도에서 괴물의 존재를 설정하려는 의지를 영화에서 보이고 있다.

브래너는 이 영화에서 괴물이 우선 자신을 유창하게 표현할 수 있도록, 얼굴 표정이 섬세하게 드러나도록 연출하고 있다. 또한 괴물이 지력이 뛰어나다는 점을 강조하고 있다. 브래너는 얼음 동굴에서의 대면 장면을 출발점으로 삼아 괴물의 언변과 논리적 능력을 강조하고, 마지막 월턴 선장과 괴물의 대면에서도 괴물이 일정 수준의 언변이 가능하다는 점을 보여준다.

괴물 역을 맡은 로버트 드 니로나 브래너가 강조하고 있는 것은 괴물이 원래 부드러운 영혼을 가진 점이다. 드 니로의 연기도 섬세하게 이러한 면을 살리려고 노력하고 있다. 드 레이시 가족 중 펠릭스의 소경 아버지에게 천천히 한 음절씩 '아름답다(beautiful)'라는 단어를 말할 때처럼 미묘하고 섬세한 감정을 전달하고 있는 데서 이를 엿볼 수 있다. 드 레이시 가족의 모습에서 자신의 외로움을 절감하는 모습, 특히 드 레이시 가족을 도운 후 받은 빨간 꽃에 감동받는 모습에서 인간적 면모가 강조되고 있다.

브래너는 드 니로의 눈에 초점을 두고자 했고, 눈을 괴물의 영혼을 표현하는 창구로 설정하고자 했다. 그러한 시도 가운데 하나는 원작에서 괴물이 돼지우리 판자 틈을 통해 가족을 엿보는 이미지를 강렬하게 살려서 재현한 것이다. 이 가족을 관찰할 때 한쪽 눈은 정상으로, 다른 한쪽은 꿰매고 일그러진 자국의 비정상적인 눈으로 설정함으로써, 괴물의 시각이 정상적인 인간의 시각과 차별성이 있음을 보이는 것이다. 이는 어떻게 시각적 관점에서 정상/괴물성이 규정되는가를 보여주고, 괴물의 외관이 고립과 연관되어 있음을 전달하는 효율적인 장치이다.

프랑켄슈타인의 일지를 읽고서 자신의 실체를 알게 되는 장면부터 괴물의 정서는 부드러운 인간미에서 분노로 전이된다. 그의 더욱 일그러진 외모를 보여줌으로써 그가 지닌 악마성을 보여주며, 집에 불을 지르고 복수를 다짐하는 모습을 통해 프랑켄슈타인의 실패한 프로메테우스주의를 드러낸다. 불은 여기서 프로메테우스의 선물이 아니라, 저주와 파괴의 상징으로 변한다.

프랑켄슈타인의 동생인 윌리엄에 대한 복수 부분도 상이하다. 원작에서는 윌리엄이 괴물의 추한 외모에 대해 언급하는 부분이 있는 데 비해 영화에서는 프랑켄슈타인과 관련된 인간에게 직접 냉혹하게 복수하는 공격자로 처리되고 있다.

저스틴을 발견하는 장면에서도 원작에서는 괴물의 생각이 상세하게 제시된다. 즉, 저스틴이 괴물 자신을 제외한 모든 이들에게 미소를 지으리라 생각하면서 저스틴에게 애정어린 시선을 갈구하는 말을 한다. 저스틴의 눈에서 애정어린 시선을 한번만이라도 받아본다면, 죽어도 좋으리라는 말을 하지만 저스틴이 몸을 뒤척이자 깨어나 자신의 외모를 보고 저주를 퍼부을 것이라 생각한다. 그리하여 저스틴이 고통을 겪도록 해야겠다는 생각에 목걸이를 그녀의 몸에 얹어 두고 사라진다.

이 장면은 원작 소설에서 이야기가 진행되면서, 더욱 복합적인 의미를 지닌다. 저스틴의 몸에 얹어둔 사랑의 징표인 목걸이는 해독을 지닌 징표로 전도된다. 즉, 윌리엄이 지녔던 이 목걸이가 증거가 되어 저스틴의 처벌이 초래되는 것이다.

영화는 원작의 이러한 섬세한 처리가 생략된 채, 시각적 재현으로 단순하게 연출된다. 괴물의 대사는 없으며 저스틴의 몸이 거부와 수용의 양자를 표현하는 자세로 클로즈업 된다. 이는 결국 저스틴이 괴물과 연루된 운명을 맞을 것임을 보여준다. 괴물이 나중에 엘리자베스를 살려낼 때, 몸의 재료로 저스틴의 시신을 가져다 주는 것에서 이를 확인해 볼 수 있다. 이는 원작과 완전히 비껴간 부분으로서 괴물이 확연히 남성으로서 여성을 갈망함을 보여주는 부분이다.

얼음 동굴에서 프랑켄슈타인과 대면하는 장면에서 괴물은 자신의 처지와 요구를 잘 전달하고 있어 원작의 괴물과 가장 비슷하게 재현된다. 프랑켄슈타인의 자기중심적인 면을 꿰뚫어볼 뿐만 아니라 자신이 어떻게 만들어졌으며 어떤 능력을 가지고 있는지 집중적으로 질문한다. 아울러 괴물은 자신의 내면에 잠재한 감정적 구조를 프랑켄슈타인에게 설명해 준다.

그래요, 난 말도 하고 읽기도 합니다. 사람들의 방식도 알고요, 내가 악마라고 생각합니까? 당신 동생의 죽어가는 비명소리가 내 귀에 음악처럼 들렸다고 생각합니까? 당신은 내게 감정을 부여해 놓고 어떻게 그것들을 쓰는지 가르쳐 주지 않았습니다. 지금 우리 때문에 두 명이 죽었습니다. 내가 원하는 것이 있습니다. 친구, 동료예요. 여자, 당신이 상상할 수 없는 사랑이 내 내면에 들어 있어요. 당신이 믿지 못할 분노도 들어 있어요. 하나를 만족시키지 못하면 다른 하나에 빠질 겁니다.

이러한 영화의 대사들은 괴물의 입장에서 프랑켄슈타인에게 항변할 수 있는 내용들을 압축해서 전달한다. 원작에서 비교적 긴 한 장을 차지하는 언술 내용이 한 장면으로 처리되어 있다. 따라서 괴물의 지적 능력을 단순하게 압축해 보여주고 있다. 원작에서 볼 수 있는 프랑켄슈타인의 심리 변화 과정, 즉 괴물에 대한 혐오감과 연민 사이의 갈등, 괴물의 논리 정연한 항변 끝에 연민을 느끼는 과정이나 괴물이 자신의 요구를 정당한 것으로 입증하는 논리의 우수함, 괴물의 훌륭한 수사 등은 섬세하게 재현되지 못하고 있다.

여성 괴물의 창조와 소멸

여성 괴물은 원작에서는 단지 괴물의 거울 이미지로 만들어져서 괴물의 나르시시즘을 넘어서지 못하는 존재이자 결코 탄생되지도 않는 존재이다. 프랑켄슈타인은 괴물의 요구를 수용하지 않고, 여성 괴물을 만드는 것을 포기함으로써 '존재의 사슬'에 참여하고 싶어하는 괴물의 욕망을 부정하는 것이다. 결국 다른 몸체의 생산은 실패로 끝나고 괴물과 프랑켄슈타인 사이의 악화된 욕망의 투쟁만이 남게 되는 것이다. 그 결과 괴물은 프랑켄슈타인 주변의 존재의 사슬들을 파괴하는데, 신부를 죽이는 것이 바로 그러한 장면이다.

신부를 죽이는 장면부터 프랑켄슈타인의 원작과 영화 차이는 가장 크게 부각된다. 즉, 원작과 브래너의 영화가 가장 큰 차이를 보이는 부분은 죽은 엘리자베스를 다시 살리는 과정과 그 결과를 삽입하고 있는 점이다. 엘리자베스를 살려내는 과정과 결과의 삽입을 단순히 청중의 흥미를 자극하기 위한 장치인지, 원작의 숨은 메시지를 전달하기 위한 장치인지 볼 필요가 있다.

영화의 이 장면은 가장 선정적으로 처리된 부분이라고 할 수 있다. 괴물이 엘리자베스의 심장을 꺼내어 프랑켄슈타인에게 보여주는 장면이나 프랑켄슈타인이 죽은 엘리자베스를 살리기 위해 광분하는 장면은 충격적이다. 저스틴의 몸체를 재료로 가져다주는 괴물은 놀라는 프랑켄슈타인에게 "단지 재료일 뿐이야."라는 말로 프랑켄슈타인이 했던 말을 되풀이하고 있다.

재생된 엘리자베스는 엘리자베스의 얼굴과 저스틴의 몸체가 합성된 존재이다. 엘리자베스-저스틴의 의미는 결국 에로틱한 욕망의 대상이라는 관점에서 생성된다. 피카트의 지적대로 합성된 여성 괴물인 엘리자베스-저스틴은 프랑켄슈타인과 괴물의 욕망의 대상이자 프랑켄슈타인의 재생된 딸/누이/아내로서 원작의 저류에 흐르는 근친상간, 폭력, 시간증(necrophilia)을 표면화시키고 있다(p.146).

그녀는 깨어나서 프랑켄슈타인의 이름과 자신의 이름을 천천히 되뇌이며 기억하지만 매우 그로테스크한 외형을 하고 있다. 이 '여성 괴물'을 사이에 두고 프랑켄슈타인과 괴물은 연적이 되어 서로 이를 차지하려고 한다. 이들 사이에서 엘리자베스-저스틴은 자신의 손목의 상처들을 만져 보고, 얼굴을 건드려 본다. 자신이 옛날의 엘리자베스가 아님을 깨달은 그녀는 프랑켄슈타인이 무슨 일을 저질렀는지 인식하고는 일그러진 얼굴로 눈물을 흘린다.

프랑켄슈타인과 괴물 양쪽에서 서로 자신의 소유물임을 주장하며 자기에게 오라고 하자 엘리자베스는 괴물 쪽을 선택한다. 그러나 지속적인 프랑켄슈타인의 애원에 따라 고민하다가 결국 분신자살을 택한다. 그녀의 마지막 선택인 분신의 의미는 프랑켄슈타인의 프로메테우스주의에 참여하기를 거부하는 그녀의 의지를 상징적으로 보여준 것이다. 즉, 프랑켄슈타인의 생명 창조 행위에 대한 하나의 저항이자 도전의 몸짓으로 볼 수 있다.

괴물의 죽음

원작에서는 확실히 괴물의 죽음을 설정하지 않았기 때문에 괴물의 의미 탐색에 대한 독자의 욕망은 지속된다. 괴물은 자신이 곧 죽게 되리라는 엄숙하고 열띤 외침을 내뱉고, 당당하게 화장용 장작더미에 올라가 자신을 태울 불꽃의 고통을 기쁘게 받아들이려 하며, 자신의 영혼은 평화롭게 잠들 것이라는 말과 함께 얼음 뗏목에 올라탄다. 곧이어 그는 파도에 휩쓸려 어둠 속으로 사라진다.

영화는 불로 자신을 소멸시키는 확실한 죽음을 보여준다. 창조주 프랑켄슈타인의 시신과 함께 뗏목을 타고 흘러가며 횃불을 자신의 몸에 확실히 갖다댐으로써 불에 타 죽게 되는 것이다. 이 장면은 월턴 선장과 선원들이 지켜보는 것으로 처리되어 괴물과 프랑켄슈타인이 공동의 운명체라는 인상을 주면서 끝난다.

또한 원작에서는 서술 구조의 가장 바깥 틀은 사빌 부인으로, 프랑켄슈타인의 이야기에 대한 판단이 열려 있는 상태로 끝난다. 영화는 프랑켄슈타인의 장례 절차와 프랑켄슈타인의 죽음에 대한 괴물의 애도 장면을 강조함으로써 구원의 메시지를 전달하는 분위기로 처리되어 있다. 이처럼 마지막 괴물의 죽음을 통해 창조자와 괴물의 화해를 보이는 것은 감독이 괴물의 인간애에 기반을 두고 괴물을 형상화하고 있기 때문이다. 한편으로는 원작에 담긴 창조주와 생명체 간의 관계를 감독 나름대로 마무리하려는 의도로 볼 수 있다. 그러나 원작의 서술 구조의 묘미를 축소하고 열린 결말에서 유추될 수 있는 다양한 해석의 가능성을 축소한 것으로 풀이될 수 있다.

브래너 영화와 프랑켄슈타인

브래너의 「메리 셸리의 프랑켄슈타인」은 괴물의 문제를 다루는 데 있어 다른 영화와 달리 언어와 인간적 면모를 부여한 것이 특징이다. 월턴 선장을 도입함으로써 원작 서술 구조의 묘미를 살리려는 시도도 높이 사줄 만한 점이다. 미친 과학자의 실험으로 괴물이 탄생하는 종류의 영화와는 달리 프랑켄슈타인을 고결한 의지를 지닌 학구적인 과학자로 만들고 있어 기존 '프랑켄슈타인' 영화와는 차별성이 있다.

그러나 전체적으로 볼 때 프랑켄슈타인이 주인공이자 지배적 관점으로 설정되어 있어 원작의 복합적 서술 구조의 의미는 단순화된 감이 있다. 또한 원작에서는 괴물과 관련된 언어와 욕망의 문제나 괴물의 속성이 복합적이고 포착하기 힘든 것으로 제시된 반면 영화에서는 인간화된 괴물이라는 의미로 단순화되어 있다.

원작에서는 괴물이 남성으로 묘사되었지만, 실제로는 여성이 처해 있는 현실 상황을 상징적으로 처리한 것이 아니냐는 질문을 읽어낼 수도 있다. 즉, 여성을 남성의 성적 대상으로만 보는 당시의 문화적 코드를 전복하려는 메리 셸리의 의지를 괴물의 존재와 관련하여 탐색해 볼 수 있다.

한편 영화에서는 프랑켄슈타인의 열의와 좌절을 중점적으로 부각시킴으로써 괴물의 의미가 복합적으로 탐색될 수 있는 가능성을 축소해 놓은 경향이 있다. 이러한 한계에도 불구하고 브래너의 「메리 셸리의 프랑켄슈타인」이 『프랑켄슈타인』의 재생산과정에서 이루어 놓은 성과들은 다시 한번 생각해 볼 만하다. 즉, 페미니즘적 각색 방향, 괴물에게 언어와 지력을 부여하여 괴물의 정체성을 단순한 볼거리 위주를 넘어서는 존재로 만든 점, 공포 영화의 예술성 문제 제기, 원작에의 충실성 시도 등은 '프랑켄슈타인' 산업에 좋은 이정표가 되고 있다.

참고문헌

김성곤, 「영화화된 영미문학 어떻게 읽을 것인가」, 문학과 영상학회 편, 『영미문학 영화로 읽기』, 도서출판 동인, 2001, pp.11-38.

김순원, 「'궁국상사' 구조 속의 의미: '프랑켄슈타인' 연구」, 『영어영문학』 제43권 3호(1997), pp.545-569.

유명숙, 「메리 셸리의 '프랑켄슈타인'과 '메리 셸리의 프랑켄슈타인': 소설에서 영화로, 영화에서 소설로」, 박희진 외, 『페미니즘 시각에서 영미 소설 읽기』, 서울대학교출판부, 2002, pp.83-108.

이정호, 「여성적 글쓰기와 문명 비판으로서의 메어리 셸리의 '프랑켄슈타인'」, 『영어영문학』 제40권 3호(1994), pp.475-492.

장정희, 「'프랑켄슈타인'에 나타난 몸과 서술」, 장정희·조애리, 『페미니즘과 소설읽기』, 도서출판 동인, 1998, pp.91-106.

_____, 「소설 '프랑켄슈타인'과 영화 '메리 셸리의 프랑켄슈타인': 괴물과 서술」, 『문학과 영상』 제3권 2호(2003), pp.167-190.

조애리, 「여성론적 관점에서 읽은 '프랑켄슈타인'」, 장정희·조애리, 『페미니즘과 소설 읽기』, 도서출판 동인, 1998, pp.77-90.

Branagh, Kenneth, *Mary Shelley's Frankenstein*, New York: New Market Press, 1994.

Brooks, Peter, *Body Work: Objects of Desire in the Modern Narrative*, Cambridge:Harvard UP, 1993.

Claridge, Laura P., "Parent-Child Tensions in *Frankenstein*: The Search for Communion" *Studies in the Novel*. 17.1 (1985), pp.14-26.

Gilbert, Sandra M and Susan Gubar, *The Madwoman in the Attic: The Woman Writer and the Nineteenth-Century Imagination*, New Haven: Yale UP, 1979.

Hindle, Maurice, *Penguin Critical Studies:.Frankenstein*, London: Penguin Books, 1994.

Holt, Terrence, "Teaching Frankenstein as a science fiction", *Approaches to Teaching Shelley's Frankenstein*, Ed. Stephen C. Behrendt, New York:MLA, 1990, pp.112-120.

Mellor, Anne K., "*Frankenstein*: A Feminist Critique of Science", *New Casebooks: Frankenstein*, Ed. Fred Botting, London:Macmillan, 1995, pp.107-139.

Lundquist, Arthur Joseph, "Mary Shelley's Frankenstein", *We belong Dead: Frankenstein on Film*, Eds. Gary J Svelha and Susan Svehla, Arlington:Midnight Marquee Press, 1997.

Moers, Ellen, *Literary Women*, New York:Doubleday and Company, 1976.

Picart, Caroline Joan ("Kay"), *The Cinematic Rebirths of Frankenstein, Universal, Hammer and Beyond*, Westport:Praeger, 2002.

Picart, Caroline Joan("Kay"), S. Picart, Frank Smoot, and Jayne Blodgett, *The Frankenstein Film Sourcebook*, Westport:Greenwood Press, 2001.

Poovey, Mary, *The Proper Lady and the Woman Writer: Ideology as Style in the Works of Mary Wollstonecraft, Mary Shelley, and Jane Austen*, Chicago:University of Chicago Press, 1984.

Shelley, Mary, *Frankenstein* (1818 text), Oxford:Oxford UP, 1994.

_____, *Frankenstien* (1831 text), Ed. Johanna M. Smith, New York: ST. Martin's Press, 1992.

Svelha, Gary J. and Susan Svehla Eds., *We belong Dead: Frankenstein on Film*, Arlington:Midnight Marquee Press, 1997.

Woolfson, Susan J., "Feminist Inquiry and Frankenstein", *Approaches to Teaching Shelley's Frankenstein*, Ed. Stephen C. Behrendt, New York: MLA, 1990, pp.50-59.

http://www.movie-reviews.colossus.net/movies/m/mary_shellys.html

http://members.aon.at/frankenstein/

http://www.phps.snu.ac.kr/public/people/walker71/stinpm02.htm

http: //www.sffworld.org

___프랑켄슈타인

초판발행 2004년 12월 30일 ¦ 2쇄발행 2009년 6월 10일
지은이 장정희
펴낸이 심만수 ¦ 펴낸곳 (주)살림출판사
출판등록 1989년 11월 1일 제9-210호

주소 413-756 경기도 파주시 교하읍 문발리 파주출판도시 522-2
전화번호 영업·(031)955-1350   기획편집·(031)955-1357
팩스 (031)955-1355
이메일 book@sallimbooks.com
홈페이지 http://www.sallimbooks.com

ISBN 89-522-0319-4 04080
        89-522-0096-9 04080 (세트)

* 잘못된 책은 구입하신 서점에서 바꾸어 드립니다.
* 저자와의 협의에 의해 인지를 생략합니다.

값 3,300원